INHALT / INHOUD

2	Editorial	Voorwoord
4	Poem Booth	Poem Booth
6	Ton Naaijkens: Nagelt uns hier bitte nicht drauf fest	Ton Naaijkens: Pin ons hier a.u.b. niet op vast
16	Shane Anderson: Die vier Reiter*innen der Lyrikübersetzung	Shane Anderson: De Vier Ruiters van het Poëzievertalen

Dossier: Übersetzung als Begegnung — Drei Klassiker
Dossier: Vertaling als ontmoeting — Drie klassiekers

21	Annelie David: An Annette von Droste-Hülshoff auf Burg Hülshoff	Annelie David: Aan Annette von Droste-Hülshoff auf Burg Hülshoff

Gedichte, Übersetzungen, Kooperationen
Gedichten, Vertalingen, Samenwerkingen

26	Lies Van Gasse über Simone Scharbert: Zweifeln ist eine tiefere Form des Verständnisses	Lies Van Gasse over Simone Scharbert: Twijfel is een hogere vorm van inzicht
28	Simone Scharbert: »Alice doesn't«	Simone Scharbert: 'Alice doesn't'
36	Simone Scharbert über Lies Van Gasse: Hier, mitten im Licht	Simone Scharbert over Lies Van Gasse: Vol in de zon
38	Lies Van Gasse: Gedichte	Lies Van Gasse: Gedichten
48	Lies Van Gasse – Simone Scharbert: Briefe	Lies Van Gasse – Simone Scharbert: Brieven
62	Mustafa Stitou über Dominik Dombrowski: Wiederverzauberung	Mustafa Stitou over Dominik Dombrowski: Wederbetovering
64	Dominik Dombrowski: Gedichte	Dominik Dombrowski: Gedichten
72	Dominik Dombrowski über Mustafa Stitou: Das verborgene Absurde in allem	Dominik Dombrowski over Mustafa Stitou: Het absurde dat in alles verborgen ligt
74	Mustafa Stitou: Gedichte	Mustafa Stitou: Gedichten
82	Dominik Dombrowski – Mustafa Stitou: Zwei Versuche über Inspiration	Dominik Dombrowski – Mustafa Stitou: Twee beschouwingen over inspiratie

Dossier: Übersetzung als Begegnung — Drei Klassiker
Dossier: Vertaling als ontmoeting — Drie klassiekers

93	Annette von Droste-Hülshoff	Annette von Droste-Hülshoff
98	Alice Nahon	Alice Nahon
101	Menno Wigman	Menno Wigman
105	Poetischer Grenzverkehr	Poëtisch grensverkeer
107	Kurzbiographien	Korte biografieën
110	Die Kooperationspartner	De samenwerk...

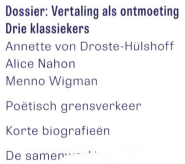

EDITORIAL / VOORWOORD

Übersetzung als Begegnung

»Die Spracharbeit an und mit den Texten eines anderen Menschen ist ein wunderbarer Begegnungsraum«, schreibt die Dichterin Simone Scharbert über ihre Erfahrungen in der *Trimaran*-Übersetzungswerkstatt. Nicht ohne Sorge fährt sie fort: »Gerade in diesen Zeiten, in denen das Erstarken von Grenzen auf der politischen Tagesordnung steht.« Als zweisprachiges Lyrikmagazin und poetische Übersetzungswerkstatt initiiert der *Trimaran* auch in der fünften Ausgabe einen solchen grenzüberschreitenden literarischen Dialog und Begegnungsraum.

Mittlerweile haben insgesamt 20 Autor*innen an der Übersetzungswerkstatt teilgenommen. Aus diesem Anlass wirft der Übersetzer und Literaturwissenschaftler **Ton Naaijkens** einen Blick auf die Vielfalt der Übersetzungspraktiken im *Trimaran* sowie allgemein in den beiden Sprachräumen. Der Übersetzer **Shane Anderson** lässt die die vier (apokalyptischen) Reiter*innen der Lyrikübersetzung herangaloppieren und beobachtet, wie sie die »Quixotische Unternehmung« des Poesieübersetzens lenken. Sein Beitrag läutet gleichzeitig eine Kooperation zwischen der *Burg Hülshoff - Center for Literature* und dem *Trimaran* im Rahmen des Dossiers dieses Heftes ein. Wir bedanken uns außerdem beim Literaturcafé Vers in Aachen, in dem die Übersetzungswerkstätten diesmal zu Gast sein durften.

Ausgehend von den wechselseitigen Übersetzungen ihrer Gedichte tauschen sich der niederländisch-marokkanische Autor **Mustafa Stitou** und der deutsche Lyriker **Dominik Dombrowski** in zwei sehr persönlichen Briefessays - wahren Kammerstücken - über Inspiration aus. Während es Stitou hinaus in die Welt, in die Stadt treibt, wird für Dombrowski die Küche zum Ort, »an dem ich mich unterwegs fühle, wenn ich zu Hause bin«.

Die Dichterinnen **Lies Van Gasse** (BE) und **Simone Scharbert** (DE) verlassen in ihrem Kooperationsprojekt die Grenzen der Sprache(n) und senden sich grafische Botschaften. Darin und in ihren eigens entstandenen gegenseitigen Widmungsgedichten reflektieren sie weibliches Schreiben und weibliche Lebensläufe - Aspekte, die im poetischen Œuvre beider präsent sind und sich u. a. im Zyklus »Alice doesn't« von Scharbert fokussieren.

Es ist eine Tradition des *Trimaran*, dass die beteiligten Autor*innen zu entdeckende, bleibende oder übersehene Dichter*innen aus ihren Muttersprachen vorstellen. Van Gasse ging auf die Suche nach einer »flämischen Alice« und stieß auf die belgische Dichterin **Alice Nahon** (1896-1933), eine erfolgreiche und auflagenstarke Lyrikerin ihrer Zeit, der die literarische Anerkennung versagt blieb. Auf der Suche nach gemeinsamen poetischen Fixpunkten entdeckten Dombrowski und Stitou ihre geteilte Verehrung für den früh verstorbenen niederländischen Dichter **Menno Wigman** (1966-2018). Wir haben beide Lektüre-Einladungen angenommen und widmen den Autor*innen ein »Klassiker-Dossier«. Abgerundet wird es durch Übersetzungen von **Annette von Droste-Hülshoff** (1797-1848) ins Niederländische, die als Kooperation der *Burg Hülshoff - Center for Literature* und des *Trimaran* im Projekt *Trans/Droste* entstanden sind. Die Dichterin und Übersetzerin **Annelie David** (NL) hat ihren Droste-Übertragungen Gedanken an die Seite gestellt, wie Übersetzungen Raum und Zeit überbrücken können.

Die Redaktion

Vertaling als ontmoeting

'De taalarbeid aan en met de teksten van een ander persoon is een prachtige ontmoetingsruimte,' schrijft de dichteres Simone Scharbert over haar ervaringen in het *Trimaran*-vertaalatelier. Niet zonder zorgen vervolgt ze: 'Juist in deze tijd, waarin het versterken van grenzen bovenaan de politieke agenda staat.' Als tweetalig poëzietijdschrift en dichterlijk vertaalatelier initieert *Trimaran* ook in haar vijfde nummer zo'n grensoverschrijdende literaire dialoog en ontmoetingsruimte.

Inmiddels hebben in totaal 20 auteurs aan het vertaalatelier deelgenomen. Ter gelegenheid hiervan werpt de vertaler en literatuurwetenschapper **Ton Naaijkens** een blik op de veelvoud aan vertaalpraktijken in *Trimaran* en in beide taalgebieden in het algemeen. De vertaler **Shane Anderson** laat de vier (apocalyptische) ruiters van het poëzievertalen aangalopperen en observeert hoe zij de 'donquichotterie' van het gedichten vertalen leiden. Zijn bijdrage maakt tevens deel uit van een samenwerking tussen het *Burg Hülshoff - Center for Literature* en *Trimaran*. Verder willen wij graag het literatuurcafé Vers in Aken bedanken, waar wij ditmaal met onze vertaalworkshops te gast mochten zijn.

Uitgaande van de wederzijdse vertalingen van hun gedichten wisselen de Nederlands-Marokkaanse schrijver **Mustafa Stitou** en de Duitse dichter **Dominik Dombrowski** in twee heel persoonlijke briefessays - ware kamerstukken - van gedachten over inspiratie. Terwijl Stitou de wereld, de stad in wordt gedreven, verandert voor Dombrowski de keuken in 'de plek waar ik me op reis voel als ik thuis ben'.

In hun samenwerkingsproject verlaten de dichteressen **Lies Van Gasse** (BE) en **Simone Scharbert** (DE) de grenzen van de (eigen) taal en sturen zij elkaar grafische boodschappen. In deze boodschappen en in de speciaal voor elkaar geschreven gedichten reflecteren zij op vrouwelijk schrijven en op vrouwelijke levenslopen - aspecten die in het poëtisch oeuvre van beiden aanwezig zijn en onder andere in Scharberts cyclus 'Alice doesn't' centraal staan.

Het is een traditie van *Trimaran* dat de deelnemende auteurs onbekende, miskende of klassieke dichters uit hun moedertaal voorstellen. Van Gasse ging op zoek naar een 'Vlaamse Alice' en stuitte op de Belgische dichteres **Alice Nahon** (1896-1933), in haar tijd een succesvolle en veelgedrukte auteur, die echter geen literaire erkenning kreeg. In hun zoektocht naar gemeenschappelijke poëtische referentiepunten ontdekten Dombrowski en Stitou hun gedeelde bewondering voor de voortijdig overleden Nederlandse dichter **Menno Wigman** (1966-2018). Wij hebben deze leesuitnodigingen aanvaard en wijden een 'klassieker-dossier' aan deze twee auteurs. Dit wordt afgerond met vertalingen van **Annette von Droste-Hülshoff** (1797-1848) in het Nederlands, die als samenwerking tussen *Burg Hülshoff - Center for Literature* en *Trimaran* binnen het project *Trans|Droste* zijn ontstaan. De dichteres en vertaalster **Annelie David** (NL) laat haar Droste-vertalingen vergezeld gaan van gedachten over de manier waarop vertalingen tijd en ruimte kunnen overbruggen.

De redactie   Vertaling: Jan Sietsma

POEM BOOTH

Der *Poem-Booth-Poesieautomat* kombiniert das Prinzip eines Fotoautomaten mit den Möglichkeiten Künstlicher Intelligenz. Er generiert ein personalisiertes Gedicht, das auf das fotografierte Motiv Bezug nimmt, sozusagen ein Porträt in Versen. Mit einem QR-Code lässt sich das Gedicht auf das eigene Smartphone übertragen und in den Sozialen Medien teilen.
    Entwickelt wurde die *Poem Booth* vom Slowtech-Designstudio Vouw, der belgische Dichter Maarten Inghels speiste seine Gedichte in ChatGPT ein und brachte der *Poem Booth* so das »Dichten« bei.

De *Poem Booth-poëzie-automaat* combineert het principe van een pasfotoautomaat met de mogelijkheden van kunstmatige intelligentie. Aan de hand van een gefotografeerd motief genereert de automaat een gepersonaliseerd gedicht, oftewel een portret in verzen. Met behulp van een QR-code kun je het gedicht op je eigen smartphone opslaan en op sociale media delen.
    De *Poem Booth* werd ontwikkeld door slowtech-designstudio Vouw. De Belgische dichter Maarten Inghels voerde zijn gedichten aan ChatGPT en bracht de *Poem Booth* zo het 'dichten' bij.

Vertaling: Marianne van Reenen
Fotos/Foto's: © Vouw, Amsterdam

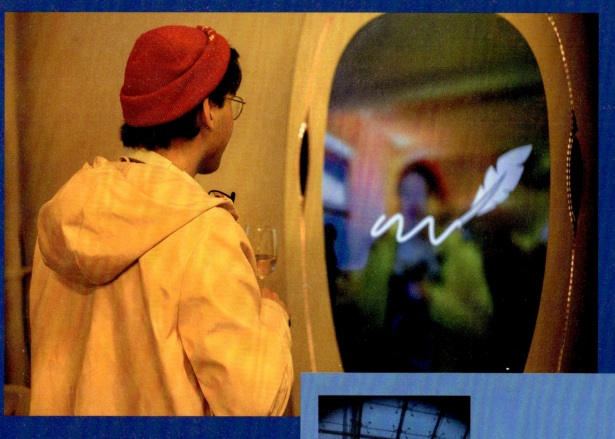

© Simone Scharbert

Yellow-shirted, spectacles gleaming, before a sea,
Commands the crowd, "Breathe the flibbergee!"
Suddenly, sunflowers sprout, a surreal spree,
In laughter, they bloom, in strange glee.

Schwarzweiß gekleidet,
Schal wie Flügel,
hält sie den Mantel, ein
Geheimnis birgt.
Kamerafänger, doch im
Stoff ein Riss -
Bist du bereit für das
Unvorhergesehene?

alles außer flach Leipziger Buchmesse

https://www.vouw.com/poem-booth

https://poems.poembooth.com/

Pin ons hier a.u.b. niet op vast

Poëzie vertalen in Nederland en Duitsland

Nagelt uns hier bitte nicht drauf fest

Lyrikübersetzen in den Niederlanden und in Deutschland

TON NAAIJKENS

Übersetzung: Ruth Löbner

In een bestek van één uur tijd kom ik Ulrike Draesner twee keer tegen, niet als dichter maar als vertaler. Samen met Erik Lindner loop ik in Marci Panis, een Amsterdamse broedplaats voor de kunsten, zijn boekenkast langs waar tal van vertaalde poëziebundels staan die je niet een-twee-drie in de reguliere boekhandels aantreft. Eerst *Weg, fünf Füße breit*, door Ulrike Draesner vertaald samen met de auteur: en dat is niemand minder dan Michèle Métail (Edition Korrespondenzen). Twee dichters die samenwerkten dus. Luttele minuten later duikt ze weer op, nu in een ander samenwerkingsverband en als vertaler van Indonesische poëzie: Afrizal Malna's *druckmaschine drittmensch* (een uitgave van het Berliner Künstlerprogramm van de DAAD nadat Malna er in 2014–2015 Artist in Residence was). Er is nu sprake van zogeheten 'Interlinearübersetzungen' – door Katrin Bandel en Sophie Anggawi – waardoor iets meer zichtbaar wordt van het proces waarin de vertalingen tot stand kwamen. Maar wat zijn dat, interlineaire vertalingen? Die heb je in honderd vormen. Ooit nam ik zelf het woord 'basisvertalingen' in de mond toen we mee werkten aan de *Spiegel van de Duitse poëzie* (Meulenhoff 1984). Ik denk dat het interessant zou zijn als een buitenstaander eens beschreef welke gestalte die basisvertalingen niet allemaal aangenomen hebben. Niet zo heel interlineair allemaal. Sommige kun je zo noemen, andere hebben recht van spreken als 'echte' vertaling. Maar hoe onderscheid je die? In veel gevallen is denk ik alleen door onthulling of reconstructie van het onderliggende vertaal- en dichtproces nog te achterhalen welke stemmen op welk moment de doorslag gaven: die van de auteur, van de interlineaire vertaler of die van de 'echte' vertaler die mikt op het zelfstandig functioneren van zijn tekst. Evenmin zal het makkelijk zijn de vraag te beantwoorden waarom er zo vertaald werd. Welke stem van welk soort vertaler aan het woord is – misschien waren er onder de vertalers ook dichters. Het is in ieder geval een kwestie van techniek, maar vooral ook een ethische kwestie: je kunt iets voor je opeisen maar er waren in dit geval meerdere perso-

Zweimal innerhalb einer Stunde begegne ich Ulrike Draesner; nicht als Lyrikerin, sondern als Übersetzerin. Im Marci Panis, einem Dreh- und Angelpunkt der Künste in Amsterdam, schlendere ich im Atelier von Erik Lindner an dessen Bücherregalen entlang, wo etliche übersetzte Gedichtbände stehen, die man nicht so mir nichts, dir nichts in einem normalen Buchladen findet: *Weg, fünf Füße breit* zum Beispiel, von Ulrike Draesner gemeinsam mit der Autorin übersetzt, keiner Geringeren als Michèle Métail (Edition Korrespondenzen). Zwei Dichterinnen also, die zusammengearbeitet haben. Wenige Minuten später taucht sie wieder auf, als Übersetzerin des indonesischen Lyrikers Afrizal Malna: *druckmaschine drittmensch* (eine Ausgabe des Berliner Künstlerprogramms des DAAD, wo Malna von 2014 bis 2015 *Artist in Residence* war). Wieder eine Zusammenarbeit also, und diesmal ist von sogenannten »Interlinearübersetzungen« – von Katrin Bandel und Sophie Anggawi – die Rede, sodass der Entstehungsprozess der eigentlichen Übersetzung ein Stück weit transparent gemacht wird. Aber was ist das, eine Interlinearübersetzung? Deren Formen sind vielfältig. Bei der gemeinsamen Arbeit am *Spiegel van de Duitse poëzie (Spiegel der deutschen Lyrik)* (Meulenhoff, 1984) habe ich dafür einmal den Begriff »Basisübersetzung« verwendet. Es wäre bestimmt interessant, einen Außenstehenden beschreiben zu lassen, wie vielfältig sich diese Basisübersetzungen am Ende gestalteten. Nicht durchgehend interlinear. Manche könnte man so nennen, andere verdienen es, als »echte« Übersetzungen bezeichnet zu werden. Aber worin liegt der Unterschied? Vielfach, denke ich, kann man nur durch das Enthüllen oder Rekonstruieren der zugrundeliegenden Übersetzungs- und Dichtungsprozesse noch nachvollziehen, welche Stimmen in welchem Moment tonangebend waren: die der Autor*in, der Interlinearübersetzer*in oder der »echten« Übersetzer*in, die darauf abzielt, dass ihr Text eigenständig funktioniert. Ebenso schwierig zu beantworten: Warum wurde ausgerechnet so übersetzt? Welche Stimme welcher Übersetzer*in hat wann das Wort – vielleicht waren unter den Übersetzer*innen auch Dichter*innen? Es ist jedenfalls eine Frage der Technik, aber vor allem auch eine Frage der Ethik: Man kann etwas für sich beanspruchen, aber in diesem Fall waren mehrere Personen beteiligt, und dabei sind Lektor*innen und Korrektor*innen, die dem Ganzen den letzten Schliff verpassen, noch nicht mit eingerechnet. Traditionell geht man wie selbstverständlich von einem Zweiergespann aus: die Dichter*in und ihre Übersetzer*in – doch diese Vorstellung liefert in sehr vielen, wenn nicht gar in allen Fällen eine verzerrte Sicht auf den Übersetzungsprozess, der besonders faszinierend ist, wenn in einem Zwischenschritt Vermittler*innen eingeschaltet werden, nennen wir sie Interlineär*innen. Ich finde, Letztere bleiben zu sehr im Hintergrund. In Deutschland arbeiten diverse übersetzende Dichter*innen mit Interlineär*innen zusammen, und es lohnt sich, einen vergleichenden Blick auf die zeitgenössischen niederländischen und deutschen Lyrikübersetzungspraktiken zu werfen. Sicher werden wir dabei auch noch mal auf Ulrike Draesner zu sprechen kommen, die Omnipräsente, die bei sehr verschiedenen Dichtungs- und Übersetzungsprozessen in den Vordergrund getreten ist.

*V*or ein paar Jahren war ich zu einer Tagung mit Übersetzungsworkshop im Literaturhaus Halle eingeladen; schon bevor es richtig losging ein großes Vergnügen, obendrein mit einem überraschenden Auftakt. Am ersten Tag setzte sich beim Hotelfrühstück ein bunt gekleideter Mann an den Nebentisch, dessen Schuhe alles übertrafen: Kunststoff- oder Gummipantoffeln – vielleicht auch eine Art Clogs, da will ich mich nicht festlegen – in Fischform; aus den nach Luft schnappenden Mäulern lugten große Männerzehen hervor. So habe ich sie jedenfalls in Erinnerung, ich habe sie nicht fotografiert bzw. mich

nen bij betrokken, nog afgezien van redacteuren of persklaarmakers om de *final touch* aan te brengen. Het traditionele idee van een vanzelfsprekend tweemanschap – de dichter en zijn vertaler – vertekent in heel veel gevallen, zo niet in alle, de manier waarop een vertaling tot stand kwam. Het meest intrigerend als er tussenpersonen bij zijn, bemiddelaars, laten we ze interlineairen noemen. Mijn idee is dat de laatsten te zeer op de achtergrond blijven. En omdat er in Duitsland meer dichters zijn die vertalen en met interlineairen samenwerken, is het de moeite waard hedendaagse Nederlandse en Duitse poëzievertaalpraktijken met elkaar te vergelijken. En we komen vast ook nog te spreken over Ulrike Draesner, degene die overal bij was en op de voorgrond getreden is in de zeer verschillende dicht- en vertaalprocessen die zich kunnen voordoen.

*E*en paar jaar geleden was ik in het Literaturhaus van Halle betrokken bij een festival inclusief vertaalworkshop. Een groot genoegen, bij voorbaat al, met een verrassend voorspel bovendien. Op de aangebroken dag nam bij het ontbijt in het hotel aan een belendend tafeltje een bont geklede man plaats wiens schoeisel alles overtroefde: het waren plastic of rubberen pantoffels – of misschien overkapte sandalen, daar wil ik vanaf zijn – in de vorm van vissen met naar adem snakkende snuiten waar grote mannentenen uitpuilden. Zo herinner ik ze me althans, ik heb ze niet gefotografeerd of durven fotograferen. De meeste gasten in dat hotel waren betrokken bij het festival, zodat ik achter de man Christian Filips vermoedde, een door mij bewonderde poëzievertaler die zich in zijn werk nogal wat extravagantie veroorlooft. Hij was het niet, bleek die dag, toen de rubberen vissen nogmaals opdoken, en wel tijdens een lezing van, ja, Filips.

*F*ilips was een van de 33 dichters die meededen aan een project van Theresia Prammer ter gelegenheid van het Dante-jaar 2021 (hij was toen 700 jaar geleden gestorven): allemaal stortten ze zich op een van de 33 Inferno-gezangen van de *Divina Commedia* op basis van een 'betekenisvertaling'. Storten kan zijn 'vertalen' en dat is het in de meeste gevallen ook geworden, al is vertalen slechts één optie: het ging om

'Auseinandersetzung'. De teugels zaten dus behoorlijk los. Filips kreeg de slotzang toegewezen (of eigende die zich toe). In de lezing legde hij uit hoe hij te werk gegaan was en wees daarbij vooral op het helse lawaai dat in zijn Dantegezang een sleutelrol speelt, de zogenaamde 'Höllenlärm'. Hij sprak zowel speels als academisch – als een artistieke intellectueel dus – en gaf blijk van een uitzonderlijk vertaalbewustzijn. Maar langzaamaan werd zijn lezing verstoord – eerst nog vagelijk op de achtergrond, met een soort gezang, of gemurmel, of gepraat. Dat was onduidelijk. Het publiek – uitermate geïnteresseerd in het betoog van Filips – keek steeds vaker geërgerd op, want het gebrom werd almaar sterker. Ook ik ergerde me. Op een gegeven moment verscheen er bovendien een gestalte, die de bron van het intussen luider wordende tumult bleek te zijn – een steeds luider pratende of zingende persoon in zwarte doorzichtige tule, geheel gesluierd, met een bikini waarvan het zwarte broekje een strakke tanga was. Het was overduidelijk een man. Uit de tanga staken twee lange harige benen, uitlopend in – jawel – twee grote voeten in plastic visvormen, dezelfde die me bij het ontbijt van de kaart hadden gebracht. Filips las gewoon door, maar werd allengs en uiteindelijk geheel overstemd door de gestalte, die achteraf de performer Ariel Nil Levy bleek te zijn (een Israëlische acteur, woonachtig in Berlijn; iets van zijn verkleedlust is te zien op zijn facebookpagina's). Zijn optreden werd in een document van het Netzwerk Lyrik (de organiserende instantie) als volgt beschreven: 'In einem Gegen-Gesang lässt der Performer Ariel Nil Levy den im Rachen des Höllenfürsten steckenden Judas zur Sprache kommen und auf Dante antworten: "Alles steht Kopf: Das Substantiv ist nicht Subjekt, sondern Ziel des Satzes" (Ossip Mandelstam, *Gespräch über Dante*).'[1]

*I*n bovenstaande beschrijving heb ik amper aangestipt welk effect het verstoren van de lezing en de voordracht van de vertaling op de toeschouwers had.

---

[1] 'In een tegen-gezang laat de performer Ariel Nil Levy de in de bek van de hellevorst stekende Judas aan het woord komen en op Dante antwoorden: "Alles staat op z'n kop: het substantief is geen onderwerp maar het doel van de zin." (Osip Mandelstam, *Gesprek over Dante*).'

nicht getraut. Die meisten Gäste des Hotels gehörten zur Tagung, sodass ich in dem Mann Christian Filips vermutete, einen Lyrikübersetzer, den ich bewundere und der sich in seinen Arbeiten einiges an Extravaganz erlaubt. Er war es nicht, wie sich später herausstellte. Denn zwar tauchten die Fische tatsächlich in seiner Lesung wieder auf – allerdings nicht an den Füßen von Filips.

Filips war einer von 33 Dichter*innen, die sich im Dante-Jahr 2021 anlässlich Dantes 700. Todestag an einem Projekt von Theresia Prammer beteiligt hatten: Sie alle stürzten sich mithilfe einer »Bedeutungsübersetzung« auf einen der 33 Inferno-Gesänge der *Divina Commedia*. »Stürzen« konnte bedeuten »übersetzen«, und darauf lief es in den meisten Fällen auch hinaus, wobei übersetzen nur *eine* mögliche Option war: Es ging um eine »Auseinandersetzung«. Die Vorgaben waren also ziemlich frei. Filips bekam den Schlussgesang zugewiesen (oder riss ihn sich unter den Nagel). Während seiner Lesung erläuterte er seine Vorgehensweise und thematisierte dabei vor allem den »Höllenlärm«, der in seinem Dantegesang eine zentrale Rolle spielt. Er sprach sowohl spielerisch als auch akademisch – wie ein intellektueller Künstler eben – und zeigte ein außergewöhnliches Übersetzungsbewusstsein. Doch nach und nach schlich sich eine Störung in seine Lesung ein, zunächst noch vage im Hintergrund: eine Art Gesang oder Gemurmel oder Gerede; das war nicht ganz klar. Das Publikum – äußerst interessiert an Filips Bericht – sah sich immer häufiger verärgert um, als das Brummen sich verstärkte. Auch ich ärgerte mich. Irgendwann erschien eine Gestalt, die sich als die Quelle des Aufruhrs entpuppte – eine zunehmend lauter sprechende oder singende Person in durchsichtigem schwarzen Tüll, komplett verschleiert, darunter ein Bikini, dessen strammer Tanga überdeutlich betonte, dass es sich um einen Mann handelte. In dem Tanga steckten zwei lange, haarige Beine, die in – jawohl – zwei großen Füßen in Fischform mündeten, ebenjene, die mich beim Frühstück so vom Hocker gerissen hatten. Filips las einfach weiter, wurde aber zunehmend und schließlich völlig von der Gestalt übertönt, bei der es sich, wie man hinterher erfuhr, um den Performance-Künstler Ariel Nil Levy handelte (ein israelischer Schauspieler, der in Berlin wohnt; Einblicke in seine Verwandlungskünste gewinnt man auf seinen Facebookseiten). Das »Netzwerk Lyrik« (der Veranstalter) beschrieb Levys Auftritt folgendermaßen: »In einem Gegen-Gesang lässt der Performer Ariel Nil Levy den im Rachen des Höllenfürsten steckenden Judas zur Sprache kommen und auf Dante antworten: ›Alles steht Kopf: Das Substantiv ist nicht Subjekt, sondern Ziel des Satzes‹ (Ossip Mandelstam, *Gespräch über Dante*).«

Mit meiner obigen Beschreibung lässt sich höchstens andeuten, wie die Störung der Lesung und des Übersetzungsvortrags auf die Zuhörer*innen gewirkt hat. Die waren verwirrt, sauer, letztlich aber gleichzeitig bereichert – bereichert wie auch das erste Publikum von Dadaisten wie Tzara und Schwitters »bereichert« gewesen sein muss. Dies hier war eine ernsthafte Veranstaltung zu Dante und übersetzerischer Rechenschaft. Wenn man darüber hinaus – im Anschluss, wenn der Lärm sich gelegt hat – wissen will, was da los war, genügt ein Blick auf die Website des Toledo-Programms, wo Filips wunderbar erzählt, wie seine Übersetzung zustande gekommen ist – er nennt es »Sing-, Sprach-, und Sprecherfahrungen beim Übersetzen von Dantes CANTO XXXIV/Inferno«.[1] Eine Erzählung in fünf Kapiteln, multimedial, reich illustriert und unmissverständlich auf die Genese der Übersetzung ausgerichtet, auf die ausführliche Kontextualisierung des Originals, die zur Übersetzung führt. Mit anderen Worten: Die Störaktion war Teil der Lesung, und weitergedacht gehörte sie auch zur Übersetzung und zu dem Prozess, der ihr voranging. Etliche andere hatten daran mitgewirkt, im echten Leben sowie als Quelle, zum Beispiel viel frühere Übersetzer*innen von Dantes CANTO XXXIV. Man gewinnt einen Einblick in die Zwischenschritte, die zur letztendlichen Übersetzung geführt haben. Und das waren nicht wenige: die Aneignung umfangreichen Wissens über den Gregorianischen Gesang, der zu den ersten drei – lateinischen – Wörtern des Cantos gehört;

---

[1] https://www.toledo-programm.de/journale/3411/flugmausemodus-hollengelachter

Die waren verward, boos en uiteindelijk verrijkt tegelijk – verrijkt zoals het eerste publiek van dadaïsten als Tzara en Schwitters 'verrijkt' moet zijn geweest. Hier ging het serieus om Dante en vertaalverantwoording. Als je verder – na afloop, wanneer het lawaai geluwd is – opzoekt wat er speelde, moet je naar de site van het Toledo Programm gaan waar Filips een geweldig verhaal vertelt over de totstandkoming van zijn vertaling – hij noemt het 'zing-, taal- en spreekervaringen bij het vertalen van Dantes canto 34 / inferno'.[2] Een verhaal in tien hoofdstukken, multimediaal en rijk geïllustreerd en overduidelijk gericht op de genese van de vertaling en de uitgebreide contextualisering van het origineel die tot de vertaling leidde. Met andere woorden: de stooracties waren onderdeel van de lezing en in het verlengde daarvan voegden ze zich ook bij de vertaling en het proces dat daaraan voorafging. Er waren tal van mensen bij betrokken, in het echt en als bron, bijvoorbeeld veel eerdere vertalers van Dantes canto 34. Je krijgt een notie van de vele tussenstappen die gezet moesten worden om tot deze uiteindelijke vertaling te komen. Er kwam heel wat kijken bij deze vertaling: je moest alles afweten van het Gregoriaanse gezang dat hoort bij de eerste drie Latijnse woorden van dit canto; je moest er ook andere boeken bij halen, Mandelstam bijvoorbeeld; intussen zwom je in een zee van vertaaloverwegingen en -twijfels; een youtubefilmpje van een Black Metal Band moet het helse lawaai onderstrepen; je moest oudere vertalingen van hetzelfde gezang 34 raadplegen, ter vergelijking en 'diachroon', gezien vanuit de tijd waarin ze ontstonden; Filips bekeek ook filmfragmenten van Lars von Trier en Pasolini; hij bestudeerde middeleeuwse tekeningen van Lucifer, las over een sensitivitydiscussie op Italiaanse scholen en ging na wanneer boekpassages verboden werden; hij toonde een luidruchtig filmpje dat 'Dante im Darkroom' heet, en dat blijkt van Anali Goldberg, in wie we de man met de vissensloffen menen te moeten herkennen. Er is meer gedoe en belemmering dan stimulans, zou je zeggen. Hoe is het in godsnaam mogelijk dat Filips uiteindelijk tot een definitieve vertaling kwam?

---

2 https://www.toledo-programm.de/journale/3411/flugmausemodus-hollengelachter

*W*aarom sta ik hier uitgebreid bij stil? In ieder geval om het verschil in vertaalcultuur tussen Nederland en Duitsland op het spoor te komen. Maar ook om het belang van onderzoek te bevestigen, de context die je bij het indringend vertalen van teksten creëert. Poëzie vraagt daarom. En ten derde vanwege de woorden die Filips gebruikt bij wat hij deed, 'zing-, taal- en spreekervaringen bij het vertalen'. Zijn manier van werken vestigt de aandacht op twee zaken: het onderzoekende karakter van het vertalen waarin je niet ver genoeg kunt gaan, en vervolgens het creatieve proces dat uiteindelijk zijn beslag krijgt in een tekst die aan de openbaarheid wordt prijsgegeven. Officieel. Ik teken hierbij vooral nog aan dat Filips behalve poëzievertaler ook zelf dichter is: misschien een reden dat hij zo ver kon en mocht gaan. En weer kom ik Ulrike Draesner tegen, in het echt nu, in Berlijn, in een workshop waarin ik beland ben, en op de vraag naar haar manier van werken zegt ze dingen als: het gaat er mij om 'das poetische Denken hinter den Gedichten zu finden', het gaat mij om 'Forschung', om het zoeken, om de zoektocht. Voor mij is 'vertalen een integraal deel van het schrijven', ik ga uit van een 'polyglotte Poetik', ik zoek de pols, de hartslag, de adem van een gedicht en dat bepaalt het schrijven en ook het vertalen ervan. Ze noemt vertalen 'Umschreibung', met de nadruk op de eerste lettergreep. Het is duidelijk dat ze als dichter geen verschil wil zien tussen schrijven en vertalen.

*I*n het vierde nummer van *Trimaran* loop ik Ulrike Draesner nog eens tegen het lijf in een intensieve briefwisseling met Peter Verhelst waarin ze praten over hun wederzijdse vertalingen, tot stand gekomen op basis van interlineaire vertalingen. Draesner denkt het radicaalst van de twee, zowel in haar reflecties als wanneer zij vertaalt. Ze legt bijvoorbeeld 'de genderoscillatie' open om 'een stuk eigentijdsheid in het Duits zicht- en voelbaar te maken'. Verhelsts teksten vragen volgens haar om 'interventie', wat vervolgens ook leidde tot 'des te meer afwijzing, nee aanwijzingen': het zijn 'stemmen uit de coulissen, stemmen in verschillende talen. Begeleidende stemmen, geschaduwd.' 'Schattiert' noemt ze dat in haar eigen Duits. Je zou dat ook 'geschakeerd' kunnen noemen, in tal van kleuren en nuances, maar 'geschaduwd' is veelzeggender. Het roept het intrigerende beeld op van de vertaler als schaduwheld van

das Heranziehen weiterer Bücher, Mandelstam zum Beispiel (da schon schwimmt man in einem See von Übersetzungsüberlegungen und -zweifeln), YouTube-Filme einer Black Metal Band zur Untermalung des Höllenlärms; ältere Übersetzungen ebenjenes Gesangs 34, als Vergleich und »diachron« betrachtet, im Kontext der Zeit, in der sie entstanden sind; Filips sah sich auch Ausschnitte aus Filmen von Lars von Trier und Pasolini an; er studierte mittelalterliche Lucifer-Darstellungen, las sich in die Sensitivity-Diskussion an italienischen Schulen ein und recherchierte, wann bestimmte Buchpassagen verboten worden waren; er zeigte einen lauten Film, der »Dante im Darkroom« heißt und der, wie sich herausstellte, von Anali Goldberg stammt, in der wir den Mann mit den Fischpantoffeln zu erkennen meinen. Eher Ablenkung und Hemmschuh als Stimulanz, sollte man meinen. Wie, um Himmels willen, hat Filips es geschafft, letzten Endes zu einer definitiven Übersetzung zu gelangen?

Warum ich so darauf herumreite? In erster Linie, um dem Unterschied in der Übersetzungskultur zwischen den Niederlanden und Deutschland auf die Spur zu kommen. Aber auch, um die Relevanz des Recherchierens zu bekräftigen, des Kontextes, den man beim eindringlichen Übersetzen erschafft. Lyrik erfordert das. Und drittens wegen Filips' Beschreibung seines Tuns: »Sing-. Sprach-, und Sprecherfahrungen beim Übersetzen«. Seine Arbeitsweise konzentriert sich auf zweierlei: den Untersuchungscharakter des Übersetzens, der nicht weit genug führen kann, und anschließend den kreativen Prozess, der in einem Text Ausdruck findet, der einer Öffentlichkeit preisgegeben wird. Offiziell. Hierbei sei noch angemerkt, dass Filips außer Lyrikübersetzer auch selbst Dichter ist: vielleicht ein Grund dafür, warum er so weit gehen konnte und durfte. Und wieder begegne ich Ulrike Draesner, diesmal im richtigen Leben, in Berlin, wo ich mich mit ihr in einem Workshop wiederfinde. Auf die Frage nach ihrer Arbeitsweise antwortet sie Sachen wie: Es gehe ihr darum, »das poetische Denken hinter den Gedichten zu finden«, es gehe ihr um »Forschung«, ums Erkunden, den Erkundungszug. Für sie sei Übersetzen »ein integraler Bestandteil des Schreibens«, sie gehe von einer »polyglotten Poetik« aus, suche den Puls, den Herzschlag, den Atem eines Gedichts, die seien ausschlaggebend, wenn sie schreibe oder auch übersetze. Übersetzen nennt sie »Umschreibung«, mit Betonung auf der ersten Silbe. Es wird deutlich, dass sie als Dichterin keinen Unterschied machen möchte zwischen Schreiben und Übersetzen.

In der vierten Ausgabe des *Trimaran* begegne ich Ulrike Draesner in einem Briefwechsel mit Peter Verhelst noch einmal, darin unterhalten sie sich über ihre gegenseitigen Übersetzungen, entstanden auf Grundlage von Interlinearübersetzungen. Draesner ist die radikalere Denkerin, sowohl in ihren Reflexionen als auch beim Übersetzen. Sie legt beispielsweise die »Gender-Oszillation« offen, um »ein Stück Zeitgenossenschaft im Deutschen sicht- und fühlbar zu machen«. Verhelsts Texte würden nach »Intervention« rufen, je länger sie sich damit beschäftigt habe, »desto mehr Einsprüche, nein, Zu-Sprüche« seien zu hören gewesen: Es sind »Stimmen aus dem Off, Stimmen in verschiedenen Sprachen. Begleitstimmen.« Die nennt sie, in ihrem eigenen Deutsch, »schattiert«. »Nuanciert« könnte man auch sagen, in zahlreichen Farben und Abstufungen, aber »schattiert« ist aussagekräftiger. Es evoziert das faszinierende Bild der Übersetzer*in als Schattenheld*in der Literatur (Paul Auster) oder als Schattenkünstler*in (Martin de Haan). Aber meint Ulrike Draesner das auch wirklich so unterwürfig? Ich sehe mir an, wie sie Verhelsts Gedicht »Hevig glanzend huis« übersetzt und – tatsächlich aus dem Schatten tritt. Sie macht sie auch kenntlich, ihre Anwesenheit: Wörter wurden hinzugefügt, plötzlich liest man zwischendurch Text in kleiner blauschwarzer Schrift. Manchmal sind das Variationen, manchmal Assoziationen, manchmal Anderssprachiges auf Englisch oder Mittelhochdeutsch. Manchmal lässt sie etwas aus (»genot is een religie« – »Genuss ist eine Religion«). Man gewinnt den Eindruck, das Gedicht sei der Übersetzerin zu intim gewesen – als wäre es ihr zu nahe getreten und müsste auf Abstand gehalten werden. Die Übersetzerin Draesner eignet sich eine Stimme an, die sich mit ihrer Stimme als Dichterin deckt. Wurden die Interlineär*innen überschrien?

de literatuur (Paul Auster) of als schaduwkunstenaar (Martin de Haan). Maar bedoelt Ulrike Draesner dat ook zo gedienstig? Ik kijk naar wat ze doet als ze Verhelsts gedicht 'Hevig glanzend huis' vertaalt – en inderdaad: uit de schaduw treedt. Het is ook kenbaar gemaakt, haar aanwezigheid: er zijn woorden toegevoegd, er staat ineens tekst in kleine blauwzwarte lettertjes tussen. Soms zijn het variaties, soms associaties, soms andere talen zoals het Engels of het Middelhoogduits. Soms laat ze iets weg ('genot is een religie'). Je hebt de indruk dat het gedicht de vertaler te intiem was – dat het te dicht bij kwam en afstand nodig was. De vertaler die ze hier is eigent zich een eigen stem toe die samenvalt met haar stem als dichter. Zijn de interlineairen overschreeuwd?

*H*ier zijn het dichters die met elkaars werk worden geconfronteerd, en zij worden verzocht om elkaar te vertalen. Een beproefde methode die vooral in het Duitse taalgebied geschiedenis heeft. Ik noem *Poesie der Nachbarn* (1988–heden) en VERSschmuggel (2003–heden). En nog steeds worden bij allerlei festivals workshops georganiseerd waarin dichters elkaar vertalen. Veelal worden daarvoor tussenfiguren ingezet, mensen die de deelnemende talen machtig zijn en van wie interlineaire vertalingen verwacht worden. In feite zijn het die interlineairen die nog dieper weg in de schaduw werken en wier stemmen niet weerklinken in de uiteindelijke vertalingen. Soms laaien ze wel op, bijvoorbeeld als Radna Fabias Dagmara Kraus vertaalt (ook in *Trimaran* #04) en in haar vertaling van een gedicht commentaar integreert. De Nederlandse titel is al veelzeggend, in ieder geval een flink stuk langer: het origineel heet 'stillübung', wat in het Nederlands uitgebreid wordt tot 'woordspeling op *Stilübung* – één l, stijloefening en *still* – stil, stilletjes'. In het uitleggen gaat Radna Fabias ver en als er bijvoorbeeld een naam Pleyel valt voegt ze encyclopedische informatie toe: 'Pleyel was ook een fabrikant van klavecimbels in het begin van de twintigste eeuw, daar werd dan weer bach op gespeeld'. Even later valt het zinnetje 'bedoeling auteur is mij hier niet helemaal duidelijk auteur raadplegen'. Het is niet meteen duidelijk van wie de verzuchting is, maar Radna Fabias als opgevoerde vertaler neemt per definitie de verantwoording op zich en dus is zij de schuldige. Omdat de vertalingen in dit geval het resultaat van concrete samenwerking en gesprek zijn, gaat de auteur ook akkoord. Maar het is te vermoeden dat soms ook de overwegingen van de interlineaire vertaler (Elbert Besaris) opgevoerd worden, zeker op die momenten waarop de tekst een soort brainstorm wordt over hoe hij er als vertaling uit moet zien. Zo wordt in de tekst gepiekerd over het scala aan betekenissen dat het woord 'schrägböse' kan ontvouwen: 'scheef, schuin of vreemd, raar, bedrieglijk, louche. böse – kwaad kwaadaardig naar'. Op zo'n moment vertaalt de vertaler niet, maar citeert commentaar dat ontstaat tijdens het vertaalproces, misschien op initiatief van de interlineair. Het gevolg is dat de lezer dan maar moet kiezen, en anderzijds verwijs je terug naar het origineel, dat er in dit geval naast staat afgedrukt. Daar kun je dat 'schrägböse' vandaan halen, met het gevolg dat de lezer intussen betrokken is geraakt bij het vertalen. Met nog weer andere woorden: de oorspronkelijke taalmix wordt opgedeeld in ingrediënten waarna in het midden blijft of er een nieuwe taalmix van gebrouwen wordt. Dat de reflectie is komen bovendrijven zorgt er vooral voor dat er veel van het vertaalproces onthuld wordt, op een eerlijke manier, inclusief de creativiteit die moet worden aangesproken maar ook inclusief de frustraties die vertalen met zich meebrengt. Cruciaal bij dit alles is wel dat de statussen van auteur, interlineair vertaler en vertaler door elkaar gehusseld worden of op z'n minst poreus worden. De cirkel is rond wanneer je weet dat de vertaler zelf dichter is en dus eigen creativiteit kan claimen en het recht heeft eigen teksten te schrijven in eigen taal en in eigen vorm. En wat doen met al die 'gemankeerde' dichters die maar vertaler zijn geworden? Die vallen toch niet buiten de boot qua creativiteit? Het hoogtepunt in de Dagmara Kraus-vertaling is als in de vertaling van 'stillübung' deze regel opduikt: 'pin ons hier a.u.b. niet op vast'. Ons, staat er, wij allen – niet alleen de dichter en de vertaler, maar ook de interlineair en in het verlengde daarvan ook jij als lezer. Je voelt je inderdaad aangesproken, als lezer.

*I*n het tweede nummer van *Trimaran* werd de manier van werken in de 'Übersetzungswerkstatt' door Stefan Wieczorek verantwoord. De sleutelzin luidt als volgt: 'Wie sich der Übersetzungsprozess konkret organisatorisch bzw. methodisch gestaltet, hängt dann

*H*ier waren es Dichter*innen, die mit dem Werk des/der jeweils anderen konfrontiert wurden, und sie sollten sich gegenseitig übersetzen. Eine bewährte Methode, die vor allem im deutschsprachigen Raum Tradition hat. Hier seien *Poesie der Nachbarn* (1988–heute) und VERSschmuggel (2003–heute) genannt. Und noch immer übersetzen sich in den Workshops vieler Festivals Dichter*innen gegenseitig. Oft werden dafür Vermittler*innen eingesetzt, die beide Sprachen beherrschen und Interlinearübersetzungen anfertigen. Tatsächlich sind es die Interlineär*innen, die besonders tief im Schatten arbeiten und deren Stimme in der endgültigen Übersetzung nicht mehr widerhallt. Manchmal aber lodern sie doch auf, beispielsweise wenn Radna Fabias Gedichte von Dagmara Kraus übersetzt (auch in *Trimaran #04*) und diese Übertragungen integral kommentiert. Schon allein ein Längenvergleich der beiden Gedichttitel lässt tief blicken: Das deutsche Original heißt »stillübung« – im Niederländischen wird das ausgeweitet zu »woordspeling op *Stilübung* – éen l, stijloefening en *still* – stil, stilletjes« (»Wortspiel zu *Stilübung* – ein l, Stilübung und *still* – still, leise«). Radna Fabias geht weit in ihren Erläuterungen, und wenn zum Beispiel ein Name wie Pleyel fällt, fügt sie enzyklopädische Informationen hinzu: »Zu Beginn des 20. Jahrhunderts trug auch ein Hersteller von Cembali den Namen Pleyel, auf denen wurde dann wiederum Bach gespielt«. Kurz danach heißt es: »Was meint der Autor hier? Nachfragen!« Es ist nicht ganz klar, von wem der Stoßseufzer stammt, aber Radna Fabias als federführende Übersetzerin übernimmt per definitionem die Verantwortung und ist damit die Schuldige. Da die Übersetzungen in diesem Fall aus einer konkreten Zusammenarbeit und direkten Gesprächen hervorgegangen sind, ist auch die Autorin einverstanden. Vermutlich werden aber manchmal ebenso die Überlegungen des Interlinearübersetzers (Elbert Besaris) eingeflossen sein, vor allem an Stellen, wo der Text zu einer Art Brainstorming darüber wird, wie er in Übersetzung aussehen müsste. So wird innerhalb des Textes über die Bedeutungsskala sinniert, die das Wort »schrägböse« umfassen kann: »scheef, schuin of vreemd, raar, bedrieglijk, louche. böse – kwaad kwaadaardig naar« (»schief, quer oder seltsam, komisch, bedrohlich, zwielichtig, böse – gemein, bösartig, schändlich«). In so einem Moment übersetzt die Übersetzerin nicht, sondern zitiert einen Kommentar, der während des Übersetzungsprozesses entstanden ist, vielleicht auf Initiative des Interlineären. Dadurch muss die Leser*in selbst entscheiden und wird gleichzeitig ans Original zurückverwiesen, das in diesem Fall daneben steht. Dort kann man sich das »schrägböse« dann herholen und ist als Leser*in inzwischen längst in den Übersetzungsprozess einbezogen. Mit (noch mal) anderen Worten: Der ursprüngliche Sprachmix wird in seine Bestandteile zerlegt; danach bleibt offen, ob daraus ein neuer Sprachmix gebraut wird. Dass die Reflexionen an die Oberfläche getreten sind, führt vor allem dazu, dass große Teile des Übersetzungsprozesses enthüllt werden, auf ehrliche Weise, inklusive der nötigen Aktivierung der Kreativität, aber auch inklusive der Frustration, die das Übersetzen mit sich bringt. Entscheidend bei alledem ist wohl, dass die Positionen von Autor*in, Interlinearübesetzer*in und Übersetzer*in durchmischt oder zumindest porös werden. Der Kreis schließt sich in dem Moment, wo Übersetzer*innen selbst Dichter*innen sind und dementsprechend die eigene Kreativität in Anspruch nehmen können und das Recht haben, eigene Texte in ihrer eigenen Sprache mit einer eigenen Form zu verfassen. Und was ist mit all den gescheiterten Dichter*innen, bei denen es bloß zum Übersetzen gereicht hat? Die bleiben, was Kreativität angeht, doch nicht außen vor? Auf dem Höhepunkt der Dagmara-Kraus-Übersetzung von »stillübung« taucht folgender Vers auf: »Nagelt uns hier bitte nicht drauf fest.« Uns, steht da, wir alle – nicht nur Dichter*innen und Übersetzer*innen, sondern auch die Interlineär*innen und darüber hinaus auch die Leser*innen. Und tatsächlich fühlt man sich angesprochen, als Leser*in.

*I*n der zweiten Ausgabe des *Trimaran* erläutert Stefan Wieczorek, wie in der »Übersetzungswerkstatt« gearbeitet wird. Der Schlüsselsatz lautet: »Wie sich der Übersetzungsprozess konkret organisatorisch bzw. methodisch gestaltet, hängt dann zu einem guten Teil von den Präferenzen, Kompetenzen und Spracherfahrungen der Autor*innen ab.« Die Dichter*innen haben das Sagen. Aber Radna Fabias schlägt sich in ihrer Übersetzung gerade auf die Seite der Nicht-Dichter*in, der Interlinear-Übersetzer*in, deren Aufgabe Stefan Wieczorek zufolge darin besteht, »einen unstimmigen Text« zu schaffen,

zu einem guten Teil von den Präferenzen, Kompetenzen und Spracherfahrungen der Autor*innen ab.'³ De dichters hebben het voor het zeggen. Maar Radna Fabias schaarde zich in haar vertaling juist aan de zijde van de niet-dichter, de interlineaire vertaler, wiens taak er volgens Stefan Wieczorek uit bestaat 'einen unstimmigen Text, einen der sich vor Entscheidungen drückt und sich alle Möglichkeiten offenhält' te produceren. 'Sein Alibi ist die Korrektheit.'⁴ Interessante formuleringen zijn het, als je de inbrekende stemmen van Draesner naast het 'unstimmige' zet of ziet hoe Fabias de beslissingen overlaat aan het interlineaire commentaar. Ard Posthuma vertaalt 'unstimmig' met 'incoherent': begrijpelijk, want er zijn weinig andere mogelijkheden, maar het is meer dat de interlineaire vertaler zijn tekst niet hoeft af te sluiten en aanbiedt aan een derde – onbaatzuchtig. De baatzucht ligt bij de dichter. Hoe zit het precies? Is voor het vertalen van poëzie, interlineair georganiseerd of niet, niet iets van incoherentie, intuïtie en creativiteit absolute voorwaarde? Ik verwijs naar Monika Rinck die in 2016 een vertaling produceerde die zij 'onder hypnose uit het Zweeds' vertaald had. 'De vertaling [van *Homullus absconditus* van Magnus William-Olsson, roughbook 039] voltrok zich onder hypnose maar ook met behulp van alle denkbare middelen en personen. Alle betrokkenen worden door de vertaalster van harte bedankt, op de eerste plaats de auteur. Merci! Merci beaucoup.'

'Het potentieel van een op interlineaire vertalingen gebaseerd vertaalatelier ligt m.i. in het feit dat de resultaten onconventioneel mogen zijn', schreef Stefan Wieczorek ooit.⁵ Later voegde hij er aan toe: 'ongedisciplineerd zelfs'.⁶ Ja, ja! roep ik uit. Maar is ook niet bij het interlineaire vertalen dat sprankje ongecontroleerd gedrag nodig om de creativiteit los te maken? Iets meer ontsteltenis? Hoe kom ik bij dat woord? Toen in 1987 *Kastanienallee* verscheen baarde Elke Erb opzien met haar teksten die vrijwel allemaal voorzien waren van commentaar. De aantekeningen konden alle kanten op schieten, en al op de tweede bladzijde muntte ze het begrip 'entstellt' door het te voorzien van een voetnoot waarin gewezen wordt op de Nederlandse [sic] woorden 'ontstellen' en 'ontsteltenis'. Even verderop, als haar commentaar bij het openingsgedicht van vier regels is uitgedijd tot zo'n vijf bladzijden in kleiner font, noemt ze dat wat toegevoegd wordt aan 'Beistand' en 'Zeugenrede' – bijstand en getuigenis. Daar valt heel veel over te zeggen, maar ik volsta hier met de gedachte dat bijstand en getuigenis metaforen voor vertalen kunnen zijn. Uit de grenzeloze openheid waarmee Elke Erb in haar zelfcommentaren uitpakt – tegenover de grenzen die zij zich in de opgenomen gedichten stelt – kun je iets terugzien van de eindeloze mogelijkheden die het vertalen biedt. In feite wordt er een scala zichtbaar: talloos zijn de vormen van reacties op als origineel gepubliceerde teksten. Toegespitst op waar het hier over gaat kun je wel zeggen dat er in de Duitse gedichtenvertaalwereld vrijer en radicaler wordt geageerd dan in de Nederlandse, die braver is, keuriger misschien, traditioneler. Dat komt ook omdat de Duitse vertalers van gedichten vaker zelf dichter zijn die er eer in leggen vertaler te mogen zijn. Niet voor niets bestaat er in het Duitse taalgebied een zogeheten *Erlanger Literaturpreis für Poesie als Übersetzung*: poëzie *als* vertaling. In ons taalgebied ontbreekt zo'n prijs, waar tegenoverstaat dat er wel prijzen zijn voor poëzievertaling – die met andere woorden ook openstaan voor poëzievertalers die geen dichter zijn of niet op een dichterlijk oeuvre kunnen of willen bogen. Het punt is hier of dit van invloed is op de manier waarop er vertaald wordt, en je zou zeggen: ja. Nederland neigt naar het interlineaire, in het Duits worden de teugels meer losgelaten en wordt erop los gedichtvertaald. Je zou willen dat de Nederlandse poëzievertalers zich wat meer van het elan eigenmaakten waar de eigenwijze of zelfs gehypnotiseerde Duitse dichters over beschikken.

---

3 'Hoe het vertaalproces zich vervolgens ontwikkelt hangt dan verder af van de individuele voorkeur, competentie en talige ervaring van de desbetreffende auteurs.' (vertaling Ard Posthuma)
4 'De interlineaire vertaling biedt een incoherente tekst waarin beslissingen consequent worden vermeden en die dus nog openstaat voor alle mogelijkheden. Correctheid is zijn alibi.' (vertaling Ard Posthuma). Wieczorek citeert hier een door hemzelf samen met Beate Thill geschreven tekst voor een deel uit de reeks *Poesie der Nachbarn* met gedichten uit België.
5 In *Teksten in beweging. Over vertaling, vertalers en literatuur*, ed. Ewout van der Knaap en Cees Koster, Nijmegen: Vantilt 2019, p. 230.
6 *Trimaran* #02, p. 30.

»einen, der sich vor Entscheidungen drückt und sich alle Möglichkeiten offenhält. Sein Alibi ist die Korrektheit.«[2] Interessante Formulierungen sind das, wenn man Draesners einfallende Stimmen neben das »Unstimmige« setzt oder sieht, wie Fabias die Entscheidungen dem interlinearen Kommentar überlässt. Ard Posthuma übersetzt hier »unstimmig« mit »incoherent«: Okay, es gibt ja auch kaum Alternativen, aber ist es nicht eher so, dass die Interlinearübersetzer*in ihre Übersetzung nicht abschließen muss und sie – ganz uneigennützig – einem Dritten überlässt? Der Eigennutz liegt bei der Dichter*in. Wie genau muss man sich das vorstellen? Ist für das Übersetzen von Lyrik, interlinear organisiert oder nicht, eine gewisse Inkohärenz, Intuition und Kreativität nicht absolut unabdingbar? Ich möchte auf Monika Rinck hinweisen, die eigentlich aus dem Ungarischen übersetzt, 2016 jedoch Gedichte aus dem Schwedischen übertragen hat. »Die Übersetzung [des Bandes Homullus absconditus von Magnus William-Olsson] vollzog sich unter Hypnose sowie unter Zuhilfenahme von allen erdenklichen Mitteln und Personen. Allen Beteiligten möchte die Übersetzerin von Herzen danken, an erster Stelle dem Autor. Merci! Merci beaucoup!«

»Das Potential einer solchen, auf Interlinearversionen beruhenden Werkstatt«, schrieb Stefan Wieczorek einmal, »liegt meines Erachtens gerade darin, dass ihre Ergebnisse unkonventionell sein dürfen.«[3] Später ergänzte er: »sogar undiszipliniert«.[4] Ja, ja!, jubele ich. Aber braucht es nicht auch beim interlinearen Übersetzen dieses Fünkchen unkontrollierten Verhaltens, um die Kreativität in Gang zu bringen? Ein bisschen mehr »ontsteltenis«? Wie komme ich auf dieses Wort? Als 1987 *Kastanienallee* erschien, erregten Elke Erbs Texte Aufsehen, die sie praktisch alle mit Kommentaren versehen hatte. Die Anmerkungen gingen in sämtliche Richtungen, und schon auf Seite zwei interpretierte sie den Begriff »entstellt« neu, indem sie in einer Fußnote auf die niederländischen [!] Wörter »ontstellen« und »ontsteltenis« verwies, die so viel bedeuten wie »erschrecken« und »Entsetzen«. Und später, als ihr Kommentar zum Eröffnungsgedicht sich zu fünf Seiten in kleiner Schrift aufgebläht hat, nennt sie das Hinzugefügte »Beistand« und »Zeugenrede«. Dazu gäbe es viel zu sagen, aber ich lasse es hier bei dem Gedanken bewenden, dass Beistand und Zeugenrede Metaphern für das Übersetzen sein können. In der grenzenlosen Offenheit, mit der Elke Erb in ihren Selbstkommentaren auspackt – der Grenze gegenüber, die sie sich in den Gedichten setzt –, erkennt man etwas von den endlosen Möglichkeiten wieder, die das Übersetzen bietet. Tatsächlich wird eine Skala sichtbar: In unzähligen Formen kommen die Reaktionen auf die als Originale publizierten Texte daher. Zugespitzt könnte man sagen: In der deutschen Gedichtübersetzungswelt geht es freier und radikaler zu als in der niederländischen; die ist braver, ordnungsgemäßer vielleicht, traditioneller. Das liegt auch daran, dass deutsche Lyrikübersetzer*innen öfter selbst Dichter*innen sind, die es als Ehre empfinden, übersetzen zu dürfen. Nicht umsonst gibt es den *Erlanger Literaturpreis für Poesie als Übersetzung*. Im niederländischen Sprachraum fehlt solch ein Preis, allerdings gibt es Preise für Lyrikübersetzungen – die, mit anderen Worten, auch Lyrikübersetzer*innen offenstehen, die nicht selbst dichten und kein eigenes poetisches Œuvre vorweisen können oder wollen. Entscheidend ist, ob das die Art und Weise beeinflusst, wie übersetzt wird, und man könnte sagen: Ja. In den Niederlanden neigt man zum Interlinearen, im Deutschen lässt man die Zügel schießen und gedichtübersetzt munter drauflos. Würden sich die niederländischen Lyrikübersetzer*innen doch bloß eine Scheibe von dem Elan der eigenwilligen oder gar hypnotisierten deutschen Dichter*innen abschneiden!

---

2 Wieczorek zitiert hier einen Text, den er gemeinsam mit Beate Thill für einen Band der Reihe *Poesie der Nachbarn* mit Gedichten aus Belgien verfasst hat.
3 Ewout van der Knaap und Cees Koster (Hrsg.): *Teksten in beweging. Over vertaling, vertalers en literatuur*, Vantilt 2019, S. 230.
4 *Trimaran* #02, S. 30.

DIE VIER REITER*INNEN DER DE VIER RUITERS

SHANE ANDERSON

Die vier Reiter*innen der Lyrikübersetzung müssen nicht gefürchtet werden. Sie kommen nicht, um Unterwerfung zu bringen, Krieg, Hunger, Krankheit oder Tod. Doch sind sie bereit zu streiten. Und streiten werden sie. Miteinander und mit dir, Übersetzer*in. Sie werden dich an deinen Entscheidungen zweifeln lassen. Sie werden über Stellen spotten, wo du dich verstolpert hast. Es könnte Tränen geben. Ermahnungen. Und Scham. Doch du solltest dankbar sein. Denn die vier Reiter*innen der Lyrikübersetzung sind da, um dir zu helfen mit einer einfach scheinenden Frage; nämlich, wem oder was bist du treu? Es ist eine schwierige Frage, die alle Übersetzer*innen umtreibt. »Dem Text« ist oft die einfache Antwort der Übersetzer*innen, doch fast alle wissen, dass diese Antwort noch nicht genügt.

Übersetzer*innen neigen dazu, an Treue zu glauben, auch wenn sie sagen, sie sei eigentlich unerreichbar. Man kann das daran erkennen, dass die meisten Übersetzer*innen so nah wie möglich am Original bleiben. Selbst solche Übersetzer*innen, die die Wichtigkeit offener Beziehungen betonen und mit anderen Texten flirten, kommen wieder zum Original zurück, wenigstens um sich zu erkundigen. Sie haben sich Sorgen um den Text gemacht und bleiben ihm innerlich treu. Sie sind zuverlässige Leute, die sich den Kopf zerbrechen über die Unmöglichkeit, einen Text von einer Sprache in eine andere zu übertragen. Wie wird er sich in so fremder Umgebung schlagen? Wird er für die anderen Sinn machen? Sie sind nicht sicher und diese fehlende Sicherheit sorgt sie auch.

Doch die Übersetzer*innen sind töricht und kühn genug, diese Quixotische Unternehmung trotzdem zu wagen. Und zwar, weil sie den Text, den sie übertragen, aufrichtig lieben und glauben, alle sollten ihn lesen. Sie räumen ein, der Text sei schwierig. Aber bringt nicht jeder Text so viele Probleme mit sich. Besonders beim Übersetzen.

Soll ich der Semantik und/oder Lexikalik des Textes treu bleiben? Oder soll ich mehr auf Form, Klang, Stimmung achten? Verwende ich ein angemessen antiquiertes Vokabular oder aktualisiere ich den Text in heutige Sprache? Ersetze ich kolonialistische Ausdrücke älterer Texte oder füge ich mich lieber »der Wahrheit dessen, was der Text sagt«, und verletze dadurch vielleicht heutige Leser*innen?

Übersetzer*innen haben selten Fingernägel, die haben sie alle beim Grübeln zerkaut. Zu ihren Lieblingswörtern gehören »schwierig«, »verzwickt«, »mhhh, was denkst du?« und »hilf mir, Herr«. Sie sagen, »lass mich drüber schlafen«, aber schlafen kaum eine Nacht durch. Und wenn sie Glück haben, war ihr Beten um Hilfe inständig genug, dann nämlich erscheinen die vier Reiter*innen der Lyrikübersetzung.

Die vier Reiter*innen der Lyrikübersetzung sehen nicht sehr bemerkenswert aus. Sie tragen weder Rüstung noch irgendwelche Waffen, sie sind nicht mal zu Pferd. Stattdessen begegnen der ▼Semantikmann, das ▼Metrikmädchen, der ▼Florist und die ▼Spielerin der Übersetzer*in mit vier verschiedenen Matrizes, vier verschiedenen Listen von Fragen und vier verschiedenen Komponenten zur Abwägung. Die Übersetzer*in tut gut daran, jede*n für sich anzuhören, denn wenn alle vier Reiter*innen zugleich mit der Übersetzer*in arbeiten, wird es intensiv. Wie Seilspringen, während man das kyrillische Alphabet rückwärts aufsagt und die Brauen abwechselnd hebt. Jede solche Einheit erschöpft die Übersetzer*in, doch sie hört alle vier Reiter*innen an, um dem Text so treu wie möglich zu sein. Kaum je werden der Semantikmann, das Metrikmädchen, der Florist und die Spielerin gleichermaßen glücklich mit den Ergebnissen sein, doch gern zu Kompromissen bereit. Eine Entscheidung darf aber nie aus Faulheit fallen. Die Endergebnisse müssen einem höheren Ziel dienen. Sie müssen der höheren Texttreue dienen.

LYRIKÜBERSETZUNG
VAN HET POËZIEVERTALEN

De Vier Ruiters van het Poëzievertalen hoeven niet gevreesd te worden. Zij komen niet om verovering, oorlog, hongersnood, ziekte en dood te brengen. Doch, zij zijn bereid om te twisten. En twisten zullen zij. Met elkaar, en met u, de vertaler. Zij zullen u een slecht gevoel over uw keuzes geven. Zij zullen de passages belachelijk maken waar u het hebt laten afweten. Er zullen wellicht tranen zijn. Misschien zelfs harde woorden. En gêne. Maar, u dient dankbaar te zijn. De reden is dat de Vier Ruiters van het Poëzievertalen u komen helpen met een ogenschijnlijk eenvoudige vraag, te weten: aan wie of wat bent u trouw? Het is een moeilijke vraag waar iedere vertaler over inzit. 'De tekst', luidt dikwijls het eenvoudige antwoord van de vertaler, maar nagenoeg iedere vertaler weet dat dit antwoord nog niet acceptabel is.

De vertaler is geneigd in getrouwheid te geloven, zelfs als hij zegt dat zoiets onmogelijk is. Dat is opmerkelijk daar de meeste vertalers zo dicht mogelijk bij het origineel blijven. Zelfs de vertalers die het over het belang van open relaties hebben en met andere teksten in de weer zijn, keren naar het origineel terug, al is het maar ter controle. Zij hebben zich zorgen gemaakt over de tekst, en diep van binnen zijn ze loyaal. Het zijn betrouwbare mensen die zich zorgen maken over de onmogelijkheid om een tekst van de ene taal over te zetten in de andere. Zal hij zich redden in zulke vreemde contreien? Zal hij verstaanbaar zijn voor anderen? Dat weten zij niet zeker, en dat gebrek aan zekerheid wekt eveneens hun zorg.

Niettemin zijn vertalers, in hun poging deze donquichotterie te volbrengen, ook dwaas en dapper. Dat komt omdat zij werkelijk houden van de tekst die zij vertalen en omdat zij vinden dat iedereen die zou moeten lezen. Zij geven toe dat de tekst moeilijk is. Maar goed, iedere tekst brengt zoveel problemen met zich mee. Vooral bij het vertalen.

Dien ik trouw te blijven aan de semantische en/of lexicale betekenis van de tekst? Of dien ik mij meer te richten op de vorm, de klank, het gevoel? Bezig ik woorden die eigenlijk al verouderd zijn of moderniseer ik de tekst in hedendaags taalgebruik? Moet ik uit oude teksten de koloniale termen schrappen of moet ik mogelijk hedendaagse lezers krenken door mij gewoon te voegen naar 'de waarheid van wat de tekst zegt'?

Vertalers hebben vaak geen vingernagels; die hebben ze allemaal afgekloven terwijl ze in gedachten verzonken waren. Favoriete uitdrukkingen van de vertaler zijn zoal: 'moeilijk', 'lastig', 'hmm, wat denk jij?' en 'God sta me bij'. Ze zeggen: 'Laat me er een nachtje over slapen', maar krijgen zelden een volledige nachtrust. En als ze geluk hebben, als ze genoeg om bijstand hebben gebeden, dan komen de Vier Ruiters van het Poëzievertalen op.

De Vier Ruiters van het Poëzievertalen zien er niet heel opvallend uit. Zij dragen geen harnas of wapentuig, ze zijn niet eens te paard. In plaats daarvan treden de ▼ Semantiek-Man, de ▼ Meteropnemer, de ▼ Bloemist en de ▼ Speler de vertaler tegemoet met vier verschillende matrijzen, vier verschillende vragenlijsten en vier verschillende elementen die overwogen moeten worden. De vertaler doet er goed aan om naar elk van hen te luisteren, afzonderlijk, want het vraagt nogal wat als alle Vier Ruiters met de vertaler samenwerken. Het is alsof je moet touwtjespringen terwijl je het cyrillisch alfabet achterstevoren opzegt en om de beurt je wenkbrauwen optrekt. De vertaler is na zo'n sessie uitgeput, maar heeft naar ieder van de Vier Ruiters geluisterd om zo trouw mogelijk aan de tekst te zijn. Zelden zijn de Semantiek-Man, de Meteropnemer, de Bloemist en de Speler evenzeer ingenomen met het resultaat, maar ze zijn meer dan bereid om compromissen te sluiten. Een dergelijke beslissing mag echter nooit voortkomen uit luiheid. De uitkomsten moeten een groter doel dienen. Zij moeten de grotere getrouwheid aan de tekst dienen.

▼▼▼ **Florist (m/w/d)**: Entgegen dem Anschein ist der Florist der gefährlichste der vier Reiter*innen der Lyrikübersetzung. Die ▼Spielerin wird vielleicht radikalere Änderungen vorschlagen, doch der Florist wird im Rahmen des jeweiligen Verfahrens drastische Anpassungen vornehmen. Floristen sind extravagant und bereit, gegen jede andere Meinung zu sein, solange sich die Übersetzung »richtig anfühlt«. Die Semantik mag zum Teufel gehen, das Metrum misshandelt, die Ideen der Spielerin missbilligt werden. Wichtig ist, dass das Arrangement stimmt. Manchmal hat der Florist eine altertümelnde Art und versucht, Elemente früherer Jahrhunderte einzubringen. Worte anderer Epochen, Synonyme mit etwas unheimlicher oder verschrobener Bedeutung. Alle werden leicht genervt sein, doch findet der Florist mitunter ein seltenes Wort in der Zielsprache, das alle Bedeutungen des Worts im Original transportiert, und alle sind begeistert. Besonders das ▼Metrikmädchen. Dieses Wort hat einen dicken Stolperklops im Rhythmus ausgeräumt. Der Florist will die Übersetzung schön machen. Wie bei einem Bouquet wirst du damit leben müssen und dich nicht später darüber ärgern wollen, an ein paar Craspedia gespart zu haben. Für den Floristen ist am wichtigsten, dass dich die Übersetzung zum Lächeln bringt.

▼▼▼ **Spielerin (m/w/d)**: Die Spielerin wartet meist, bis keine*r mehr weiterweiß. Dann schlägt sie vor, etwas Irrwitziges zu versuchen. Die Spielerin sagt, unsere Chancen sind mies, aber ich versichere euch, bei diesem Wort hier müssen wir den Einsatz verdoppeln und die vier da drüben ganz aufgeben. Der ▼Semantikmann seufzt und das ▼Metrikmädchen zählt an den Fingern nach. Der ▼Florist schlägt sich auf die Seite der Spielerin, aber fürchtet sie auch. Legt die Spielerin einmal los, will sie immer mehr Feuerwerk. Und noch mehr und mehr. Die Spielerin ist nicht gegen Abriss. Die Spielerin sagt, wenn wir eine zeitgemäße Wohnküche wollen, muss diese Wand einfach weg. Die Spielerin glaubt nicht ans Bewahren historischer Gebäude. Sie glaubt an eine

▼▼▼ **Bloemist (m/v/x)**: Tegen de schijn in is de Bloemist het gevaarlijkste lid van de Vier Ruiters van het Poëzievertalen. Dat komt omdat, hoewel de ▼Speler mogelijk radicalere veranderingen wil doorvoeren, de Bloemist drastische wijzigingen zal aanbrengen die binnen het gegeven systeem vallen. Bloemisten zijn extravagant en zijn bereid om tegen alles in te gaan wat anderen zeggen zolang de vertaling 'goed aanvoelt'. De semantiek de goot in, het metrum vernacheld, de suggesties van de Speler afgewezen – het belangrijkste is dat het arrangement samenkomt. Soms heeft de Bloemist een historische inslag en poogt hij elementen uit voorbije eeuwen in te voeren. Woorden uit andere tijden, synoniemen met een ietwat sinistere of vervormende betekenis. Dat leidt bij iedereen tot lichte irritatie, maar soms vindt de Bloemist een zeldzaam woord in de doeltaal dat alle betekenissen van het woord in het origineel omvat en is iedereen heel opgewonden. Met name de ▼Meteropnemer. Het woord heeft een enorm struikelblok in het ritme opgeruimd. De Bloemist wil de vertaling mooi maken. Net als bij een boeket moet je erachter staan, en je wilt later geen spijt krijgen dat je op een paar craspedia's hebt beknibbeld. Voor de bloemist is het belangrijkste dat de vertaling je doet glimlachen.

▼▼▼ **Speler (m/v/x)**: De Speler wacht meestal tot iedereen op een dood spoor zit. Dan stelt de Speler voor om iets geks te doen. De Speler zegt: 'Het lijkt vergezocht, maar ik zweer je, wat we moeten doen, is inzetten op dit woord hier en die vier verderop helemaal opgeven.' De ▼Semantiek-Man begint te zuchten terwijl de ▼Meteropnemer op zijn vingers begint te tellen. De ▼Bloemist kiest de kant van de Speler maar is ook bang voor de Speler. Als de Speler eenmaal op dreef is, wil hij altijd meer vuurwerk. En meer en meer. De Speler is niet vies van slopen. De Speler zegt: 'Als we een eigentijdse woonkeuken willen hebben, moet deze muur er gewoon uit.' De Speler gelooft niet in monumentenzorg. Hij gelooft

Wiedergeburt aus Ruinen. Die Spielerin versichert alle ihrer Freiheit, drastische Änderungen vorzunehmen. Das Original tut selbst seltsame Dinge, seltsame Dinge, die nicht in die Zielsprache übersetzt werden können. Also, wird die Spielerin sagen, werden wir eine andere Lösung finden müssen, warum nicht durch eine andere Art Äquivalenz? Wenn's im Laden keinen Rhabarber gibt, versuchst du nicht, Rhabarberkuchen mit Sellerie zu backen, auch wenn sie sich ähnlich sehen. Nein, du kaufst Erdbeeren. Himbeeren. Blaubeeren. Zitronen, egal. Nur ebenso süß muss es sein. Der Florist stimmt zu, doch die Spielerin glaubt noch weniger an Treue als er. Für die Spielerin ist jeder Text neu, selbst eine Übersetzung, und deswegen sollten wir aufhören, auf das Unmögliche aus zu sein. Die Spielerin muss im Zaum gehalten werden oder man muss sie ausschweifen lassen, hin zu neuen Kasinos, neuen Spielwiesen, wo sie so viel experimentieren kann, wie sie will. Die Spielerin braucht nicht nur unbändige Erfindungslust, sondern auch ein dickes Fell. Kritik ist unausweichlich.

▼▼▼ **Metrikmädchen (m/w/d)**: Metrikmädchen sind sehr streng. Sie lassen keine Ausrede gelten, warum dir die Zeit weggelaufen oder eine bestimmte Zeile unregelmäßig ist. Sie deuten bloß auf ein Zitat und fordern dich auf, den Fehler so schnell wie möglich zu beheben, sonst sehe man sich vor Gericht, wo wohl keine*r der vier Reiter*innen der Lyrikübersetzung Partei für dich ergreift. Zumindest nicht öffentlich. Deine einzige Chance, einer Strafe zu entgehen, ist, mit den anderen drei Reiter*innen der Lyrikübersetzung unter vier Augen zu beraten. Den ▼ Floristen kannst du dadurch überzeugen, dass du sagst, ein fünfhebiger Jambus sei unnatürlich, dem Floristen gefällt der Ton dieses Arguments. Doch wenn sich der Florist mit dieser Erkenntnis an das Metrikmädchen wendet, bittet sie ihn, in eben dem Metrum zu reden. Das wird der Florist entweder vermasseln oder er wird wie ein Außerirdischer klingen. Darauf wird das Metrikmädchen erwidern, siehst du, du redest nicht wie ein Gedicht, aber wir übersetzen ja auch nicht dich, sondern wir übersetzen ein Gedicht und das ist ein fünfhebiger Jambus. Du könntest dann die ▼ Spielerin konsultieren, aber die Spielerin wird es besser wissen. Die Spielerin wird dir raten, kein Aufhebens zu machen, außer du hast einen echten Kracher. Das Metrikmädchen hat immer recht, wird

in de wedergeboorte van ruïnes. De Speler zegt dat iedereen vrij moet zijn om drastische veranderingen aan te brengen. Het origineel zelf doet vreemde dingen, vreemde dingen die niet in de doeltaal vertaald kunnen worden. Dus, zal de Speler zeggen, zullen we een andere oplossing moeten vinden, waarom niet door middel van een soort equivalentie? Als de appels in de supermarkt op zijn, probeer je geen appeltaart te maken met aardappelen, ook al lijkt het erop. In plaats daarvan koop je aardbeien. Frambozen. Bosbessen. Rabarber, wat dan ook. Het moet gewoon net zo zoet zijn. De Bloemist is het daarmee eens, maar de Speler gelooft nog minder dan de Bloemist in de notie getrouwheid. Voor de Speler is elke tekst een nieuwe tekst, zelfs als het een vertaling is, en daarom moeten we ophouden het onmogelijke te proberen. De Speler moet in toom gehouden worden of de gelegenheid krijgen om af te drijven, richting nieuwe casino's, nieuwe grazige weiden waar hij zo experimenteel kan zijn als hij wil. De Speler beschikt over een enorme verbeeldingskracht, maar moet ook een dikke huid hebben. Kritiek is onvermijdelijk.

▼▼▼ **Meteropnemer (m/v/x)**: Meteropnemers zijn erg streng. Smoesjes waarom je geen tijd meer had of waarom je regels geen maat houden, worden niet op prijs gesteld. Ze noemen het ongerijmd wanneer zoiets regelmatig gebeurt en geven je als strafwerk honderd keer 'Poëzie, zo moeilijk nie' op, waarbij geen van de Vier Ruiters van het Poëzievertalen je waarschijnlijk helpen zal. De enige kans om je straf te ontlopen is om de andere drie Ruiters van het Poëzievertalen onder vier ogen te raadplegen. Je kunt de ▼ Bloemist overtuigen met de opmerking dat een jambische pentameter onnatuurlijk is, want de Bloemist is gevoelig voor zulk soort argumenten. Maar als de Bloemist zich met deze verworven wijsheid tot de Meteropnemer richt, zal de Meteropnemer de Bloemist vragen om in zo'n metrum te spreken. De Bloemist zal dat verknoeien of als een buitenaards wezen klinken. 'Zie je wel,' zal de Meteropnemer zeggen, 'jij praat niet als een gedicht, maar we verta-

die Spielerin sagen, es sei denn, der ▾ Semantikmann widerspricht. Doch beim Metrikmädchen hält sich der Semantikmann mit Einwänden zurück, weil das Metrikmädchen kaum an der Bedeutung rühren will. Sie will nur die Silben in die richtige Abfolge bringen. Es ist nicht hoffnungslos, wird der Semantikmann sagen, hast du schon den Floristen befragt?

▾▾▾ Semantikmann (m/w/d): Der Semantikmann brennt dafür, die Treue der Übersetzung zur lexikalischen Bedeutung zu garantieren. Er sagt, lasst uns das Original anschauen. Und: Lasst es uns Schritt für Schritt angehen. Er bringt die komplizierten Windungen und Drehungen des Originals in eine klare Sprache. Er ist besonders geschickt darin, einen Kleiderbügel gerade zu biegen und einen Schlüssel daraus zu machen. Er fragt: Verstehe ich das richtig? Oder: Es ist kompliziert, aber müssten wir es nicht so verstehen? Er schlägt schwierige Wörter nach, er findet Quellen für das, worauf der Text womöglich verweist. Er sagt Sachen wie: Wer oder was spricht und was wird adressiert? Er hört der ▾ Spielerin zu, wenn die Spielerin versucht, am Ende der Zeile ein Wort auszutauschen für einen peppigeren Reim. Dann bleibt er still, wenn das ▾ Metrikmädchen und der ▾ Florist mit der Spielerin streiten, weil eine solche Änderung das ganze Arrangement ruiniert. Der Semantikmann verstrickt sich nie zu tief, außer das beschlossene Arrangement stiftet Verwirrung. Der Semantikmann ist nicht gegen Verwirrung, wenn der Text verwirrend ist, aber der Semantikmann will keine neuen Ebenen der Verwirrung hinzufügen. Vor allem nicht aus Vermessenheit, Faulheit, Dummheit oder Mangel an eigener Klarheit. Der Semantikmann ist sich seiner Achillesferse bewusst, dem Verlangen, alles zu erklären. Darum bleibt der Semantikmann oft still und unterbricht nur, wenn es zu irrwitzig wird.

Übersetzung aus dem Englischen: Daniela Seel

Shane Anderson übersetzte im Rahmen der Kooperation des *Trimaran* und *Trans|Droste* auch ausgewählte Gedichte von Annette von Droste-Hülshoff ins Englische. Sie werden auf der zugehörigen Projektwebseite zu lesen sein: https://digitale-burg.de/transdroste. Von dort übernehmen wir auch seine »The Four Horsemen of Poetry Translation«.

len jou niet, we vertalen een gedicht, en het gedicht is in jambische pentameters.' Je zou daarna de ▾ Speler kunnen raadplegen, maar de Speler kijkt wel uit. De Speler zal je adviseren om geen moeite te doen tenzij je een zekere winnaar hebt. 'De Meteropnemer heeft altijd gelijk,' zal de Speler zeggen, 'behalve als de ▾ Semantiek-Man het er niet mee eens is.' Maar de Semantiek-Man aarzelt om met de Meteropnemer in discussie te gaan omdat de Meteropnemer zelden de betekenis wil verpesten. Die wil alleen dat de lettergrepen goed op een rij staan. 'Het is niet hopeloos,' zal de Semantiek-Man zeggen. 'Heb je de Bloemist al gesproken?'

▾▾▾ Semantiek-Man (m/v/x): De Semantiek-Man is er alles aan gelegen om in te staan voor de getrouwheid van de vertaling aan de lexicale betekenis. Hij zegt: 'Laten we naar het origineel kijken.' En: 'Laten we stap voor stap te werk gaan.' Hij zet de complexe wendingen van het origineel om in gewone taal. Hij is bijzonder bedreven in het ombuigen van een ijzeren kleerhanger in een sleutel. Hij vraagt: 'Begrijp ik dit goed?' Of: 'Het is lastig, maar moeten we het niet zo opvatten?' Hij zoekt moeilijke woorden op, vindt bronnen voor datgene waarnaar de tekst mogelijk verwijst. Hij zegt dingen als: 'Wie of wat is aan het woord en wat wordt er besproken?' Hij luistert naar de Speler wanneer de Speler aan het eind van de regel een woord probeert te verwisselen om een jazzier rijm te creëren. Daarna zwijgt hij, terwijl de ▾ Meteropnemer en de ▾ Bloemist met de ▾ Speler twisten omdat zo'n verandering het hele arrangement zou verpesten. De Semantiek-Man houdt zich meestal afzijdig, tenzij het overeengekomen arrangement verwarring schept. De Semantiek-Man is niet tegen verwarring als de tekst verwarrend is, maar de Semantiek-Man wil niet dat er nieuwe lagen verwarring worden toegevoegd. Vooral niet uit onbezonnenheid, luiheid, domheid of ten koste van de eigen duidelijkheid. De Semantiek-Man is zich van zijn achilleshiel bewust, zijn verlangen om alles uit te leggen. Daarom is de Semantiek-Man vaak zwijgzaam en interrumpeert hij alleen als het allemaal een beetje te gek wordt.

Vertaling uit het Engels: Jan Sietsma

Shane Anderson vertaalde in het kader van de samenweking tussen *Trimaran* en *Trans|Droste* tevens geselecteerde gedichten van Annette von Droste-Hülshoff in het Engels. Zijn vertalingen zullen op de projectwebsite te lezen zijn: https://digitale-burg.de/transdroste. Daarvan hebben we ook zijn 'The Four Horsemen of Poetry Translation' overgenomen.

Dossier

ÜBERSETZUNG ALS BEGEGNUNG
Drei Klassiker

VERTALING ALS ONTMOETING
Drie klassiekers

Insbesondere um zeitgenössische Lesarten der Literatur von Annette von Droste-Hülshoff (1797-1848), der bis heute wohl bekanntesten deutschen Dichterin, bemüht sich die *Burg Hülshoff – Center for Literature* in Veranstaltungen, Projekten und Festivals. Im Projekt *Trans/Droste*, einem digitalen Übersetzungslabor, werden dabei Gedichte von Droste-Hülshoff in andere Sprachen übertragen. Moderiert von den Trimaran-Redakteuren wurden unter dem Motto »Spuk« ausgewählte Droste-Gedichte von der Lyrikerin und Übersetzerin Annelie David als Kooperationsprojekt der *Burg Hülshoff* und des *Trimaran* ins Niederländische gebracht. Aus ihrer Auseinandersetzung mit den Gedichten entwickelt Annelie David zudem Gedanken dazu, wie mittels Übersetzungen Raum und Zeit überbrückt werden können.

Burg Hülshoff – Center for Literature brengt via evenementen, projecten en festivals vooral hedendaagse interpretaties van de literatuur van Annette von Droste-Hülshoff (1797-1848), de tot op heden bekendste Duitse dichteres, voor het voetlicht. In het project *Trans/Droste*, een digitaal vertaallab, worden gedichten van Droste-Hülshoff in andere talen vertaald. Onder leiding van de redacteuren van *Trimaran* werden onder het motto 'Spuk' geselecteerde gedichten van Droste door dichteres en vertaalster Annelie David in het Nederlands vertaald als samenwerkingsproject tussen *Burg Hülshoff* en *Trimaran*. Het vertaalproces vormt voor Annelie David bovendien aanleiding om te reflecteren over de mogelijkheid om door middel van vertalingen tijd en ruimte te overbruggen.

ANNELIE DAVID

Aan / An
Annette von Droste-Hülshoff
auf Burg Hülshoff

Übersetzung: Marlene Müller-Haas

Amsterdam, 04 september 2023, maandag

Beste Nette,

Begin dit jaar had ik de eer een drietal gedichten van u te mogen vertalen: *Der Schloßelf*, *Der Hünenstein* en *Das Spiegelbild*. De vertaling van uw gedichten, tweehonderd jaar geleden geschreven, stelde mij voor de vraag: hoe overbrug ik zo'n tijdspanne? Hoe gauw zijn wij niet al de generaties vergeten die pas een halve eeuw achter ons liggen?

Gelukkig kon ik mij goed in uw werk verdiepen. U heeft veel geschreven, er is veel over u geschreven, zodat ik mij enigszins een beeld van uw leven heb gevormd. In uw brieven wordt zeer voelbaar hoeveel tijd het vergde voordat u en uw dierbaren en vrienden elkaar weer konden zien, zelfs als de afstanden die moesten worden overbrugd, hemelsbreed niet eens zo groot waren. Dagen, weken gingen voorbij, met hevig verlangen en met de hoop dat de ander gezond zou zijn. Daar kunnen wij ons tegenwoordig geen voorstelling meer van maken. Wij kunnen elkaar via een beeldscherm – een apparaat als een venster dat bewegende beelden van verre toont – à la minute zien.

Als een soort paleontoloog keek ik ook naar films – nog een medium waar u zich als vroege negentiende-eeuwer geen voorstelling van kon maken. Ik keek vooral

Amsterdam, 04. September 2023, Montag

Liebe Nette,

Anfang dieses Jahres hatte ich die Ehre, drei Ihrer Gedichte übersetzen zu dürfen: *Der Schloßelf*, *Der Hünenstein* und *Das Spiegelbild*. Die Übersetzung Ihrer vor zweihundert Jahren verfassten Gedichte stellte mich vor die Frage: Wie kann man eine solche Zeitspanne überbrücken? Denn wie schnell haben wir nicht all die Generationen vergessen, die nur ein halbes Jahrhundert vor uns lebten?

Zum Glück konnte ich mich gut in Ihr Werk einlesen. Sie haben viel geschrieben, man hat viel über Sie geschrieben, und so konnte ich mir ein Bild von Ihrem Leben machen. In Ihren Briefen wird deutlich spürbar, wie lange es brauchte, bis Sie und Ihre Lieben und Freunde sich wiedersehen konnten, selbst wenn die Entfernungen, die es zu überwinden galt, nicht einmal so himmelweit riesig waren. Tage, Wochen gingen vorüber, erfüllt von heftiger Sehnsucht und in der Hoffnung, dass der andere gesund sein möge. Heute ist das kaum mehr vorstellbar. Im Handumdrehen können wir einander über einen Bildschirm sehen – ein Gerät wie eine Art Fenster, das aus der Ferne sich bewegende Bilder zeigt.

Wie eine Art Paläontologe habe ich mir auch Filme angeschaut, ein weiteres Medium, das man sich als Mensch des frühen neunzehnten Jahrhunderts nicht vorstellen

naar historische kostuumdrama's, naar *Jungfrukällan* (De maagdenbron) bijvoorbeeld, van de Zweedse filmer Ingmar Bergman. Het verhaal speelt zich af in de 14de eeuw. Ik wil er niet over uitweiden; de diepte van de inhoud verdraagt zich niet met een vluchtige behandeling. Maar ik wil graag uitleggen waarom ik deze film verbind met uw poëzie en met vertalen. Net als in uw *Der Hünenstein* en *Der Schloßelf* leven Bergmans personages in het krachtveld van het heidense en christelijke geloof met al zijn verwarringen en misverstanden. De wonderen waren de wereld nog niet uit.

Gedurende het kijken vergat ik tijd en plaats, de barrière tussen toen en nu, tussen hier en daar, was opgeheven. Een wonderlijke en ook overweldigende ervaring. Ik wist meteen wat me te doen stond: een taal te vinden die resoneert in het Nederlands van nu, en tegelijkertijd uw ideeën en beelden van toen overbrengt, een taal waarin men nog het slepen van uw modderzware lange rokken op wandelingen door het glooiend heidelandschap kan horen.

Onder het vertalen miste ik uw stem. Pas door de stem kan ik het geheel van klank, ritme en rijm echt doorvoelen. De stem geeft gedichten hun lijfelijkheid. Veel dichters onderschatten het lichamelijke van het schrijven en voordragen. Taal wordt te vaak alleen aan de ratio toegeschreven. Onlangs zag ik hoe de vingers van een dichteres gedurende de voordracht over haar lichaam bewogen als zochten ze de plek terug waar de woorden waren ontstaan.

Het gemis van uw stem spoorde me aan tot een onderzoek: valt een stem uit een ander tijdperk te reconstrueren? De Amerikaanse spraakwetenschapper Rita Singh reconstrueerde in 2019 met behulp van algoritmes de vermoedelijke stem van de schilder Rembrandt van Rijn. Misschien kent u het begrip *algorismus* – de Latijnse verbastering van al-Chwarizmi, een 9de eeuwse Perzische wiskundige – dat rekenschema betekent? Bij het berekenen van een stem keek men naar uiterlijke kenmerken zoals de schedel en het gebit.

Ik ging op zoek naar een afbeelding van u en vond een schilderij van de kunstenaar C. H. N. Oppermann. (Hoe trots moet u zijn geweest door dezelfde man te zijn geportretteerd als tsaar Alexander de Eerste.) Omdat u een smal gezicht, een smalle, lange neus en een kleine volle mond heeft, zou u een heldere keelstem gehad moeten hebben. Maar ook dat is slechts een constructie, gebouwd op de visie van Oppermann op uw gelaat. Restte me slechts een kopie van uw portret aan mijn schrijftafel te prikken om me te verbeelden dat ik uw aanwezigheid kan voelen.

TRI MARAN

GEDICHTE ÜBERSETZUNGEN
KOOPERATIONEN

GEDICHTEN VERTALINGEN
SAMENWERKINGEN

SIMONE SCHARBERT
LIES VAN GASSE

DOMINIK DOMBROWSKI
MUSTAFA STITOU

Simone Scharbert

Lies Van Gasse

Lies Van Gasse over/über Simone Scharbert

Twijfel is een hogere vorm van inzicht

IK ZIE MIJ NOG ZITTEN, vermoedelijk ergens in juni, wellicht op een tamelijk zonnige dag, ongetwijfeld afgeleid door het uitnodigend klapperen van het klasraam. Te weinig woordjes paraat, slordig gestudeerd. Geen zin om hele lappen tekst van buiten te leren, niet in staat te reproduceren, wat beters te doen, klarinetspelen of zo, een of andere repetitie, een dinsdagavond in de tekenacademie ...

En dus volgt daar, enkele uren, een voormiddag, het prutsen en priegelen met taal. Een kwelling is het, want de zomer roept elke minuut harder en ik besef dat ik alleen mezelf deze verloren tijd te verwijten heb. Tegelijkertijd ervaar ik de activiteit zelf, het vertalen, als iets plezierigs. Het lijkt wel een soort puzzel, iets waardoor ik het exacte, dat ergens toch sluimert in mijn brein, kan verzoenen met een liefde voor verhalen, een zoektocht naar elegantie. Wat mij nog het meest hindert, zijn die oncontroleerbare uitbarstingen van inspiratie: een woord, uit het niets, dat opdoemt, mij hinderend omdat het toch net iets mooier zou klinken dan wat er eigenlijk staat, een lege plek in de tekst waar ik zelf zou zijn uitgeweid, een ritme dat te mooi klinkt om te laten liggen, *maar dat kan niet, nee, laat het*, omdat het niet die eeuwige dactylen volgt.

Nu zit ik er weer, of beter: ik heb het weer zitten. Ik bevind mij niet meer met een vulpen boven een blad en een stuk examenkladpapier, maar in een onbestemde ruimte aan een laptopscherm waarop de gedichten van Simone Scharbert te lezen zijn. Geen Latijn maar Duits. Geen helmboswaaiende Hector, maar een meisje dat in een konijnenhol tuimelt en daar wordt verenigd met al haar naamgenoten. En toch weer dat zuchten en kreunen. En toch ook die mengeling van werkernst en pret.

Misschien is vertalen wel iets dat ik mijn hele leven ben blijven doen. Het vertalen van een tekst naar een illustratie. Het vertalen van iets technisch in een gedicht naar een les. Het graven naar de bedoelingen van de dichter. Het spitten naar het juiste woord, dat in het juiste aantal lettergrepen past.

Zitten Stefan en Christoph, de redacteuren, hier nu ongemakkelijk te fronsen? Want nou nou, nicht so ganz, eerlijk gezegd, dat is toch niet echt hetzelfde. Ai, ze heeft het helemaal verkeerd begrepen. Kunnen we dit nog schrappen?

Ze hebben gelijk. Over de hele, over het scherm kronkelende lijn hebben ze gelijk. Maar er is een vorm van lezen, mijn schoonbroer zou het *fijn lezen* noemen, die ik graag toepas en die mij ook voor deze ontmoeting met Simones teksten van dienst is. Daarom laat ik die fijngeschilderde luchter maar staan. Ik weet het, *elegant* is misschien een beter en eenvoudiger woord, maar ik vind *fijngeschilderd* wel toepasselijk. *Auerbach was tenslotte toch een schilder, niet?* Bladerend door de gedichten voel ik me soms een kopiïst die voor hetzelfde beeld zit, maar zich van een ander soort verf bedient en die, steeds weer, dezelfde soort beweging probeert te vangen, dezelfde hand van de kunstenaar. En moeite heeft daarin te slagen. Bij Simones werk is dat een zoekende, stamelende beweging, een aarzelende, een afwachtende hand. Er zijn er wel eens, ik ontmoet ze soms, die het twijfelen, het afwegen, het in vraag stellen als een vorm van onzekerheid zien, maar dat heb ik nooit terecht gevonden. Twijfel is een hogere vorm van inzicht. Bij Simone is dit handgebaar dat de verzen neerzet, schildert, een soort dans, om de woorden heen, die de vele betekenissen één voor één doet oplichten. Het zijn geëngageerde gedichten, die spreken doorheen de personages, maar steeds op die wonderlijk impliciete manier. Een cirkelen rondom, maar het zich in die uitwaaierende cirkels ook tonen. Dikwijls doop ik mijn penseel in de taal en twijfel ik. *Heb ik nu alles in dit gedicht wel gezien?*

Er moet nog iets groeien. Een gedachte die als een *wassende* maan aan de hemel komt en pas op het allerlaatst haar schoonheid onthult. Alweer zo'n ongepaste vlaag van inspiratie. *Straks maak ik er nog mijn eigen gedicht van.* Waarop ik zucht en de laptop toeklap. Misschien toch nog maar eventjes laten liggen.

Lies Van Gasse over / über Simone Scharbert

Zweifeln ist eine tiefere Form des Verständnisses

ICH SEHE MICH NOCH, wie ich dasitze, vermutlich irgendwann im Juni, wahrscheinlich an einem ziemlich sonnigen Tag, und gewiss abgelenkt vom einladenden Klappern des Klassenfensters. Zu wenig Worte parat, zu schlampig gelernt. Keine Lust gehabt, ganze Textpassagen auswendig zu lernen, unfähig das alles herunterzuleiern, stattdessen hatte ich etwas Besseres zu tun, zum Beispiel Klarinette spielen, die ein oder andere Probe, ein Dienstagabend in der Zeichenschule …

Also folgen Stunde um Stunde, ein Vormittag, gefüllt mit Sprachbasteleien und Sprachdrechseleien. Es ist eine Qual, denn der Sommer ruft jede Minute lauter und mir wird klar, dass ich nur mir selbst diese verlorene Zeit anzukreiden habe. Gleichzeitig erlebe ich die Tätigkeit an sich, das Übersetzen, als angenehm. Es ähnelt einem Rätsel, etwas, durch das ich das Exakte, das doch irgendwo in meinem Hirn schlummert, versöhnen kann mit der Liebe zu Geschichten, eine Expedition auf der Suche nach Eleganz. Was mir noch am meisten in die Quere kommt, sind meine unkontrollierbaren Inspirationsanfälle: Ein Wort taucht aus dem Nichts auf, lähmt mich, weil es minimal schöner klingen würde als das, was dort eigentlich steht, eine Leerstelle im Text, an der ich mich selbst ausbreiten würde, ein Rhythmus, der zu schön ist, um unter den Tisch zu fallen, *aber das geht nicht, nein, lass das*, alles hat den schier unendlichen Daktylen zu gehorchen.

Jetzt sitze ich wieder so da: Aber sitze ich auch wieder in der Tinte? Auf jeden Fall beuge ich mich nicht mehr mit einem Füller über einen Prüfungsbogen, sondern sitze in irgendeinem Raum vor einem Computerbildschirm, auf dem die Gedichte von Simone Scharbert zu lesen sind. Kein Latein diesmal, sondern Deutsch. Kein helmschüttelnder Hektor, sondern ein Mädchen, das in ein Kaninchenloch stolpert und dort mit all ihren Namensschwestern vereinigt wird. Und trotzdem wieder dieses Seufzen und Stöhnen. Und trotzdem wieder diese Mischung aus Arbeitsernst und Vergnügen.

Vielleicht ist Übersetzen ja etwas, das ich immerzu mein ganzes Leben getan habe. Die Übersetzung eines Textes in eine Illustration. Die Übersetzung von Technik in ein Gedicht, eine Unterrichtsstunde. Das Erforschen der Absichten eines Dichters. Das Graben nach dem richtigen Wort, mit der richtigen Silbenanzahl. *Runzeln Stefan und Christoph, die beiden Redakteure, nun kritisch die Stirn? Denn na ja, nicht so ganz, ehrlich gesagt, das ist doch nicht dasselbe. Oh, oh, sie hat es vollkommen missverstanden. Kann das vielleicht noch weg?*

Sie haben recht. Auf ganzer Linie, die sich über den Bildschirm schlängelt. Aber es gibt eine Art des Lesens, mein Schwager würde sie feines Lesen nennen, von der ich gerne Gebrauch mache und die mir auch bei dieser Begegnung mit Simones Texten nützlich ist. Darum lasse ich zum Beispiel auch *fijngeschilderde luchter* (im deutschen Text »feinen lüster«) in meiner Übersetzung stehen. Ich weiß, *elegant* ist vielleicht ein besseres und einfacheres Wort, aber ich finde *fijngeschilderd* (wörtlich: feingemalt) treffend. *Auerbach war schließlich doch ein Maler, oder?* Beim Blättern durch die Gedichte fühle ich mich manchmal wie eine Kopistin, die vor dem gleichen Gemälde steht, sich aber einer anderen Sorte Farbe bedient und die, immer wieder, dieselbe Art der Bewegung einfangen möchte, dieselbe Geste der Künstlerin. Und die sich schwer damit tut. Bei Simones Werk ist das eine suchende, stotternde Bewegung, eine zögernde, abwartende Hand. Es gibt Menschen, manchmal begegne ich ihnen, die das Zweifeln, Abwägen, Hinterfragen als einen Ausdruck der Unsicherheit sehen, aber das fand ich immer schon falsch. Zweifeln ist eine tiefere Form des Verständnisses. Bei Simone ist diese Handgebärde, die die Verse aufschreibt, malt, eine Art Tanz, um die Wörter herum, der die vielen Bedeutungen eine nach der anderen aufglühen lässt. Es sind engagierte Gedichte, die durch die Protagonistinnen sprechen, allerdings immer auf eine wundersame indirekte Weise. Ein Umkreisen, aber auch ein Zeigen liegt in diesen ausgreifenden Zirkelbewegungen. Häufig tauche ich meinen Pinsel in die Sprache und zweifle. *Habe ich jetzt alles in diesem Gedicht entdeckt?*

Etwas muss noch wachsen. Ein Gedanke, der wie ein *zunehmender* Mond am Himmel erscheint und erst zuletzt seine Schönheit enthüllt. Schon wieder weht mich so eine unpassende Inspiration an. *Über kurz oder lang mache ich noch ein eigenes Gedicht daraus.* Ich seufze und klappe den Laptop zu. Vielleicht muss es noch etwas ruhen.

Übersetzung: Stefan Wieczorek

»ALICE DOESN'T«

begin at the beginning, im anfang beginnen, im bevor. im garten, ummauert von zeit, verwachsen auch. darin raupen, entpuppend. und blicke, *curios*, die hineinfallen, ins viktorianische. hinter den spiegeln. auf dich, deine schwestern. *edith. lorina*. im fokus einer kamera, *little maidens, when you look*, dahinter der brachvogel, *do do*, stotternd der aufbruch, *so so*, *on this little story-book*, überhaupt brüche, der einbruch, flüssig, fließend, vom floss in den fluss, *fell down the hole*, ein sog, tiefer und tiefer, ins ver rückte, ins ver zählte, jeder vers zählte, und dein staunen, *who in the world am I?*, pause, trink tee, spazier auf mauern, zarte köpft, auch hier, *off with their heads*, während dein leben weiter geht, sich ausweitet, ver engt, *curios and curioser*, heirat und reisen und zurück und raus aus dem reisen, ver eisen im kopf im körper, keine fragen, kein wundern, warum nur, *ah, that's the great puzzle.*

ALICE LIDDELL (1852–1934)

begin at the beginning, in den beginne beginnen, in het *before*. in de tuin, ommuurd door tijd, een kluwen. daarin rupsen, ontpoppend. en blikken, *curieus*, die erin vallen, in het victoriaanse. achter de spiegels. op jou, op je zusjes. *edith. lorina*. in het brandpunt van mijn lens, *little maidens, when you look*, waarachter de walgvogel, *do do* hakkelend het heengaan, *so so*, *on this little story-book*, helemààl, inbreken, aanbreken, vloeiend, vlietend van vlot naar ven, *fell down the hole*, een zog, dieper en dieper, in het ver knipte, in het ver telde, elk vers telde. je staat versteld, *who in the world am I?* pause, drink thee, wandel op muren, een eitje, hier wordt zacht onthoofd, *off with their heads*, terwijl je leven uitweidt, zich verwijdt, ver engt, *curieus en curieuzer*, trouwen en reizen en terug en het reizen en uit, ver ijzen in kop en corpus, geen kwesties, geen mirakels, waarom enkel *ah, that's the great puzzle.*

Simone Scharbert — Gedichte | Gedichten

gattin des künstlers, auerbachs tochter, an was du dich (also ich) gewöhnst: wenig ist jetzt noch zu finden, zu sehen, zu lesen über dich, dein werk, darin neue landschaften, *dächer im gewitter*, hier und da verstreut, *im harten rahmen*, in zeitnestern, zeitschriften, glas glocken ähnlich, überhaupt glas, *gläser und gräser*, dein wandern, von england ins eng deutsche, in zeichenklassen, von frankfurt nach münchen von münchen nach frankfurt, *bürgerliches zimmer*, still, stilles leben, deine farben dunkeln, *von einem tiefen, feinen lüster* ist zu lesen, *stillleben*, eins nach dem andern, *schönheit der altstimme*, dein ton. dein auge für frauen, die weiter sticken und stricken, damen *mit wollstickerei*, und wieder nichts zu hören, *irgendwo zwischen sitzt ein schelm*, schreibt else, und dass du *eine sternin, eine herzogin wärst, du, gattin des künstlers, auf der gartenbank*, und dennoch: still sitzen, still stehen, das ist nicht deins, es dunkelt weiter, krieg ist und sterben, auch das, *glassturz*, herzsturz, manchmal licht. ottilie, tilla, still. abruptes ende. ein schuss, schluss. *o, sie war eine zauberin.*

ALICE TRÜBNER (1875 – 1916)

de kunstenaars gade, auerbachs dochter, wat je (ook ik) gewoon bent: weinig is er nog te vinden, te zien, te lezen over jou, je werk, je nieuwe landschappen, *je daken in de storm*, in, hier en daar verspreid, *het harde kader*, nesten van tijd, tijdschriften, glas, klokken gelijk, hoe dan ook glas, *glazen en grazen*, je dwalen, van engeland naar het benepen duitse, in tekenklassen. van frankfurt naar münchen van münchen naar frankfurt, *burgerlijke kamers*, stil, stiller leven, je kleuren verdonkeren, er valt *een lage, fijngeschilderde luchter* te lezen, *stilleven*, het ene na het andere, *de schoonheid van een altstem*, je toon. je oog voor vrouwen, die maar stikken en strikken, dames met *wolstiksels*, er is weer niets te horen, *er zit een schelm tussen*, schrijft else, en dat je een sterrin, een hertogin zou zijn, jij, *de kunstenaars gade, op de tuinbank*, en dan toch: stil zitten, stil staan, dat is niet jouw ding, het verdonkert verder, het is nu oorlog en sterven, ook dat, *glazen stolp*, hartstolp, soms licht. ottilie, tilla, stil. abrupt einde. een schot, stop. *o, wat een toverkol was ze.*

begin at the beginning, am anfang ist das wort, deine welt aber stumm, von dumm ist später die rede, in *windsor castle*, darin dieses winden, die idee eines flusses, ein rauschen auch, deine ankunft im bett vieler mütter, *a fine sturdy baby*, victoria alice elizabeth julia marie, *she will be called alice, the queen said*, aber nichts ist zu hören, um dich nur bauschen, wattiertes, *begin at the beginning*, deine finger flink, quick, sticken und stricken ihre eigene sprache, *self inventend*, laut um laut, verschwindet, nach innen, nach außen, ein geräuschmuster, in sich verschlossen, vier jahre eine lautschleppe, schwer zu tragen für dich, dicht, *deaf,* der tod vieler wörter, *death*, und du schöpfst aus dir selbst, von den lippen anderer, hängst an ihnen, studierst bewegung, erkennst genau, hängst am rand, querst länder, grenzen, *prinzessin alice von nirgendwo*, sprengst konventionen, *revolutions & wars have never disturbed me*, deine sprache wächst, tönt leise, schlägt gegen wände, gegen hysterie, diagnosen von außen, gehst nach innen, gehst ins konvent, drehst die grenzen, deine zeit um, am ende bleibt dein wort

ALICE VON BATTENBERG (1885–1969)

begin at the beginning, in den beginne was het woord, maar je wereld zweeg, van dom was later pas sprake, in *windsor castle*, en daar dit wentelen, de idee van een rivier, een ruisen ook, je komst in het bed van vele moeders, *a fine sturdy baby,* victoria alice elisabeth julia marie, *she will be called alice, the queen said*, maar niets te horen, rondom jou slechts het opbollen, het wattige, *begin at the beginning*, je vlugge vingers, quick, stikken en strikken hun eigen taal, *self invented*, klank om klank, verdwijnt, naar binnen, naar buiten, een geluidsrooster, in zichzelf gesloten, al vier jaar een nasleep van klank, zwaar voor jou om dragen, dicht, *deaf*, de dood van veel woorden, *death*, en jij schept uit jezelf, uit andermans mond, hangt aan hun lippen, bestudeert hun bewegingen, herkent precies, hangt aan de rand, doorkruist landen, grenzen, *prinses alice van nergens*, je blaast conventies op, *revolutions & wars have never disturbed me*, je taal is wassende, klinkt zacht, kletst tegen muren, tegen hysterie, tegen diagnoses van buitenaf, je keert naar binnen, gaat het klooster in, keert je grenzen, je tijd om, aan het einde blijft er slechts je woord

greif zu, greif rein, *Greiffenbergereien*. aus dem büro ins heim (weniger ins reich, reiche, naja), ein aus fürs büro, fürs eigene gehalt: *Na schön, Glück dann komm man!* das wird 1 schreiben und tippen, aufzeichnen, mitzeichnen, 1 sortieren, also: einsortieren, 1 ziehen von ort zu ort, verzetteln, sprach mischmasch: *tüppelrücken*, ein entzücken, deine eigene sprache, was war das noch gleich?, & du *dierdelst*, du *keyserierst*, die nähmaschine, aha, nähst risse, flickst gefühle, 1 zickzack, *I robotte den ganzen Tag*, vorm bottich, kalt ist es, immer dein, nein sein frieren, einfrieren (röschen & stielchen vom kohl), *frierender halbmond am himmel*, überhaupt der mond, und du schreibst mit, wirst *Chronistin der Ehe*, führst tagebuch, führst es spazieren, durch euer all, vorbei an *pocahontas* und all den inseln, den republiken, gelehrt, aha, zeichnest minutiös mit, entwirfst 1 eigenes system aus zeichen, kürzeln und einsamkeit, *I lese gleich weiter (durchsehen)*, immer weiter, zug um zug, alles in schach, wer hält hier wen, *Schreiberchen-Gebühren*, so also nennt er das, nein dich: *schreiberchen*, schreib zu, schreib rein

ALICE SCHMIDT (1916–1983)

grijp in, grijp erin, grijp *Grimbergerijen*. uit de werkkamer, aan de haard (minder in het Rijk, als rijke, tja), een einde aan de werkkamer, aan het eigen loon: *mooi zo, kom maar op met je geluk!* dat wordt 1 schrijven en typen, optekenen, meetekenen, 1 sorteren, ook: uitsorteren, 1 trekken van hot naar her, droedelen, een mikmak van taal: *een tippelruggetje*, een verrukking, je eigen taal, hoe ging het alweer?, & je *studeleert*, je *singert* de naaimachine, aha, je naait scheuren, fikst gevoelens, 1 zigzag, *I robot de hele dag*, voor de tobbe, het is koud, altijd jouw, nee zijn vriezen, invriezen (roosje & steeltje van kool), *een aan de hemel vastgevroren half maantje*, hoe dan ook de maan, en je schrijft mee, wordt *huwelijkschroniqueuze*, je leidt je dagboek, je leidt de wandeling, door jullie heelal, voorbij aan *pocahontas* en al de eilanden, je republiek van geleerden, aha, je tekent minutieus mee, ontwerpt 1 eigen tekensysteem vol code en eenzaamheid, *I lees meteen verder (nakijken)*, steeds verder, zet na zet, helemaal schaak, wie slaat hier wie, *auteurtjes-rechten* zo noemt hij dat dan, nee jou, *schrijvertje*, schrijf toe, schrijf over in het net

sort of a mosaic, dein denken, dein lenken, kein einlenken, im gegenteil, stein auf stein, an*stein*, der anstoß, ein fensterwurf: 48 an der zahl, du wirfst, du hämmerst, *each of us puts in*, von draußen nach drinnen, von *smashing women* ist zu lesen, und wie ihr zu suffragetten werdet, von *suffer* to *suffrage*, aus neid wird leid, ein arrest folgt dem andern, in *holloway*, der erste, london 1909, das muss man sich mal vorstellen: anstatt frauen recht frauen anstalt, und du, ja du, verweigerst arbeit und kleidung, bleibst im bett, arrest, *rest in bed*, verweigerst essen, dein körper ein rest, *von suffer to suffrage*, dein zustand jetzt: *wrappend in blankets*, von zelle zu zelle, geschoben, du, *to be fed in bed*, schläuche, geschoben in bäuche, vom mund tief in den grund, an deiner seite frauen, die dich halten, fest schnüren, fest binden, dreißig tage, noch hast du keine wahl, hast kein recht, wartest still, *silent, still,* die frage: *mr president, how long must we wait?*

ALICE PAUL (1885–1977)

sort of a mosaic, je denken, je mennen, geen denken aan, integendeel, steen voor steen, aan*steen,* de aanzet, een vensterworp: 48 in getal, je werpt, je hamert, *each of us puts in,* van buiten naar binnen, over *smashing women* kan je lezen, en hoe ze suffragettes worden, van *suffer* tot *suffrage,* van nijd komt lijden, een arrest volgt op de andere, in *holloway,* de eerste, london 1909, stel het je maar eens voor: in plaats van een vrouw die inricht een vrouw in een inrichting, en jij, ja jij, je weigert werk en kleding, blijft in bed, arrest, *rest in bed,* je weigert eten, je lichaam een rest, van *suffer* tot *suffrage,* zo is het met je gesteld: *wrapped in blankets,* van cel naar cel, geschoven, jij, *to be fed in bed,* buisjes, geduwd in buiken, van de mond diep in de grond, aan jouw kant vrouwen, die je vasthouden, vast snoeren, vast binden, dertig dagen, nog steeds geen keus, geen recht, daar wacht je nog steeds, stil, *silent,* stil, op de vraag: *mr president, how long must we wait?*

queen de montparnasse, das hätte niemand gedacht, *n'est-ce pas, kiki?*, und er aber, wie er sagt, dass er hirn für euch beide habe, denkwabe, sein gehabe, er also, der dich zum objekt, zum instrument macht, *violon d'ingres*, eine reproduktion en masse, und du, wie du da weiter sitzt, zeit ritzt, schall geformt, darauf: löcher aus kleinen buchstaben, f-narben, dein rücken ein beugen ein einrücken, *begin at the beginning*: zwölf bist du, dreizehn, dein auftakt nackt, in paris: du posierst, stehst, irritierst; das ovale gesicht ein gedicht, sagen sie, etwa *noire et blanche*, deine augen geschlossen, zartheit wie ewigkeit, *she was very wonderful to look at*, aber du tingelst, singst und trinkst, malst und schreibst, über ihn, *man ray*, aha, soso, er also, nicht nur, *kiki's memoir* mit nicht mal dreißig, gibst gemälden, den fotografien eine stimme, bis dato stumm, so der tenor, und *hemingway, ernest*, wie er schreibt, begleitet, nein, einleitet, erstmals, nur für dich: *she never had a room of her own*, das reimt sich auf *crown*, du also *queen*. eine lady? *no way.*

ALICE ERNESTINE PRIN (1901–1953)

queen de montparnasse, dat had niemand gedacht, *n'est-ce pas, kiki?* maar hij, zoals hij zegt, dat hij hersens voor jullie beiden heeft, denkkwabben, zijn hebbelijkheden, hij dus, die jou tot object, tot instrument maakt, *violon d'ingres*, een massaproduct, en jij, hoe je daar verder zit, tijd krast, nagalmt, daarenboven: door letters gemaakte gaatjes, f-wonden, je rug een kromming, een verrukken, *begin at the beginning*: twaalf ben je, dertien, de opmaat naakt, in parijs: je poseert, staat, irriteert; je ovale gezicht een gedicht, zeggen ze, ietsjes *noire et blanche*, je ogen gesloten, even zacht als eeuwig, *she was very wonderful to look at*, maar je drentelt, zingt en drinkt, schildert, schrijft over hem, *man ray*, aha, zozo, hij dus, maar niet uitsluitend, *kiki's memoir*, nog niet eens dertig, je geeft schilderijen, foto's, tot nog toe stom, een stem, zo is de teneur, en *hemingway, ernest*, zoals hij ook schrijft, begeleidt, nee, inleidt, enkel voor jou: *she never had a room of her own*, dat rijmt op *crown*, op jou dus *queen*. een lady? *no way.*

wünsche mich in diesen garten, zu dir, *alice au jardin*, in dieses weiß. deines kleids. wünsche mich ins *comment* also ins *wie oder was* dieser farbe. wie sie liegt. auf dir. diese nicht-farbe. wie sie dich umgibt, umweißt. *blanche*. wie du sie später nennen wirst. oder schon genannt hast. 1865. deine tochter. eine von vielen. nicht zu sehen. acht an der zahl. acht kinder, zwei männer. ein leben, bewegt. und doch: kaum schatten, kaum faltenwurf. alles *so rein*, in diesem garten, *jeder noch so kleine falsche pinselstrich ein schmutzfleck*, schreibt er, schweigt er, aber dein kleid ein weißwischen, ein blauzischen. von stoffweiß zu wasserblau, von *rein* zum *rhein*, vom *rhein* zur *reine*, ein verlaufen, in farbe. ein druck von außen, eindruck von innen. sehe weiter dich an. *au jardin*. sehe wie das weiß flieht, weiterzieht, sehe dich in zügen, im abteil, von *hoschedé* zu *monet*, familienweh. sehe verluste. sehe dich ankommen, spüre dem fahrtwind nach. wie er das weiß aus deinem kleid treibt, wie du wieder hineinschlüpfst. ins weiß, *alice au jardin*, in die krankheit, *es ist hier so hell und klar*, erst ihre, dann deine. aber nie die seine.

ALICE HOSCHEDÉ (1854–1911)

wens mezelf in deze tuin, bij jou, *alice au jardin*, in dit wit. het wit van je kleed, ik wens me in de *comment* dus, in het *hoe of wat* van deze kleur. hoe ze ligt. op jou. deze niet-kleur. hoe ze je omringt, omwit, *blanche*. hoe je ze later zal noemen. of al genoemd hebt. 1865. jouw dochter, één van velen. niet te zien. acht in getal. acht kinderen, twee mannen. één leven, bewogen. en toch: amper schaduw, amper plooival. alles zo *rein*, in deze tuin, *elk nog zo klein, een foute penseelstreek* een *smosvlek*, schrijft hij, zwijgt hij, maar je kleed een witwassen, een blauwsissen. van stofwit tot waterblauw, van *rein* naar de *Rijn*, van de *Rijn* naar het *reine*, een verlopen, in verf. een druk van buitenaf, een indruk vanbinnen. kijk je verder aan. *au jardin*. zie hoe het wit vliedt, uitvloeit, zie je trekken in treinen, in je wagon, van *hoschedé* naar *monet*, familiegeween. ik zie je verliezen, zie je aankomen, speur de rijdende wind nog na. hoe die het wit uit je kleed drijft, hoe je weer naar binnen glipt. het wit in, *alice au jardin*, je ziekte in, *het is hier zo hel en zo klaar*, het hare, het jouwe. maar nooit het zijne.

Simone Scharbert — Gedichte | Gedichten

dein körper, körpermusik. schon immer. gesänge vom nein, von klein auf. mäandern, wandern. durchs bett, durchs zimmer, durch dich. aus der gebärmutter, behaupten sie. *hysteria*, das muttertier, matrix, eine vorlage nur. nichts für dich. zwischen brüdern, vater. bleibt nicht viel, bleibt nichts, bleibt nur ein trockenhirn. ungehörtes, ungesehenes, *this is not a lament*, und du sammelst, dich selbst oder was dir so zufällt, immerhin dein raum, dein *centimetre of observation*, blickfeld, augenblick. hoch oben, auf den matratzen, *in bed*, die prinzessin auf der erbse, krinoline und mieder würden ja passen, nein, werden passend gemacht, aber nicht für dich, du trocknest weiter, schrumpfst, gehst ein, *only the shrivelling of an empty pea,* bis du nur noch ein punkt, ein knotenpunkt bist, von dem aus das fressen beginnt, in dich, durch dich, brustkrebs, du nennst es befreiung, aufbruch, neue sichten, *the resistance we bring to life.*

ALICE JAMES (1848–1892)

je lichaam, lichaamsmuziek. altijd al. nee-gezangen, van kleins af. meanderen, wandelen. door het bed, door de kamer, door je heen. uit de baarmoeder, beweren ze. *hysteria*, dat moederdier, matrix, enkel een model. niets voor jou. tussen broers, vader. blijft niet veel over, blijft er niets, blijft enkel een verschrompeld brein, het ongehoorde, ongeziene, *this is not a lament*, en je verzamelt, jij jezelf of wat je toekomt, in ieder geval jouw kamer, jouw *centimetre of observation*, blikveld, ogenblik. hoog boven, op de matrassen, *in bed*, de prinses op de erwt, hoepelrok en gaine zullen wel passen, nee, worden aangepast, maar niet voor jou, jij droogt verder uit, verschrompelt, einde, *only the shrivelling of an empty pea*, tot je alleen nog maar een punt, een knooppunt bent, van waar het vreten begint, in jou, door je heen, borstkanker, je benoemt het als bevrijding, vertrek, nieuwe inzichten, *the resistance we bring to life.*

Vertaling/Übersetzung: Lies Van Gasse
Interlineaire vertaling/Interlinearfassung: Elbert Besaris

Simone Scharbert über/over Lies Van Gasse

Hier, mitten im Licht

HIER, MITTEN IM LICHT, so beginnt eines der Gedichte von Lies Van Gasse, und es ist auch jenes Gedicht, mit dem ich meine Textarbeit im Rahmen dieses *Trimaran*-Projekts beginne, vielmehr: beginnen darf. Denn was ich zu Beginn dieser Übersetzungsarbeiten noch nicht weiß, aber vielleicht ahne: Die Spracharbeit an und mit den Texten eines anderen Menschen ist ein wunderbarer Begegnungsraum. Gerade in diesen Zeiten, in denen das Erstarken von Grenzen auf der politischen Tagesordnung steht. Ein Begegnungsraum im realen Sinn: Wir saßen gemeinsam an einem Tisch in Aachen im Café Vers, zusammen mit der Trimaran-Redaktion, das Blättern in Wörterbüchern oder eine Frage war immer wieder mal zu hören, ein wenig wie beim Billard, immer über eine Sprachbande gespielt, das Antitschen des einzelnen Wortes an der Kante, am Rand, wo vielleicht die eine Sprache beginnt und die andere aufhört und sie sich gerade darin begegnen, vielleicht ihre Gemeinsamkeiten haben. Aber auch eine Begegnung in Resonanzräumen, lyrischen Echokammern:

Hier, mitten im Licht beginnt mein Arbeiten mit den Texten von Lies Van Gasse, die in den kommenden Wochen und Monaten einen neuen *Ton* in mein Schreiben und Lesen und Denken bringen werden. Und ganz bewusst wähle ich den Begriff *Ton*. Gerade in seiner Doppeldeutigkeit, von jeher angelegt, oder wie im Grimm'schen Wörterbuch zu lesen ist: *ton begegnet einerseits als ›schall‹ im allgemeinen und vorzugsweise gerade als unmusikalisches ›geräusch‹, dessen dynamische kraftentfaltung gern hervorgehoben wird, andrerseits als die musikalische, kunstmäzige ›melodie‹, als ›musikstück‹ und ›lied‹ überhaupt.* Farbe und Klang, vielleicht als Charakteristika einer Dichtung, die mich in ihren vermeintlich konkreten Bildern an die unterschiedlichsten Orte, topografischen Ausgangspunkte (fast in einem Sebaldschen Sinne) bringt. Ich folge den Wortanordnungen von Lies Van Gasse, höre etwa den Gesang ihres *Braunwals*, wie sie ihn ins Jetzt klicken lässt, wie die Worte sich manchmal nicht festbinden lassen, sondern einem Schall ähnlich ihre semantische Begrenzung überwinden oder durchdringen, und mir selbst ist manchmal gar nicht klar, ob ich nur lesend bin oder auch Teil ihrer Gedichte werde, in Bewegung gerate, in all den so eigenen Landschaften, die sie anordnet, puzzelt, wo sie Schienen und Gleise verlegt, Spielzeuglandschaften und doch so real. Lies Van Gasse lässt sie ins Übernatürliche blinken, um dann wieder an ihrem Grund zu ziehen und mir als Lesende leise, aber unaufhörlich die Frage zu stellen: Was tust du da? Wie bist du in deinem Leben als Mensch?

Hier, mitten im Licht und mit den Gedichten von Lies Van Gasse habe ich in den letzten Wochen sehr oft über die Frage nachgedacht, was ist das eigentlich, *Menschsein?* Was verstehe ich selbst darunter? Von wo aus blicken wir auf Gesellschaft, auf Zukunft (sic) und Vergangenheit, was passiert, wenn wir unsere gewohnte Perspektive verlassen? Lies Van Gasses Texte machen das möglich, in einer ganz unvergleichlichen Art, die ein körperliches Schreiben voller Sacht- und Sanftmut mit einem überzeitlichen und überdauernden Blick auf Welt in eins bringt.

Hier, mitten im Licht, das war und ist ein wundervoller Begegnungsraum, in all seinen Tönen, in einem Verständnis, in dem *Zukunft aus Vergangenheit begreifbar wird*, und der für mich verbundenen Freude, Klang- und Sprachlandschaften vom Niederländischen ins Deutsche in meinem Inneren auszumessen, es zumindest zu versuchen, kurzum: eine Zwischenstation im Wort zu finden,

Hier, mitten im Licht.

Simone Scharbert über / over Lies Van Gasse

Vol in de zon

VOL IN DE ZON, zo begint een van de gedichten van Lies Van Gasse, en het is ook het gedicht waarmee ik mijn schrijfwerk voor het *Trimaran*-project begin, of beter gezegd: mag beginnen. Want wat ik aan het begin van mijn werk als vertaler nog niet weet, maar misschien vermoed: werken aan, werken met taal en tekst van een ander is een geweldige ontmoetingsruimte. Juist in deze tijden waarin het versterken van grenzen hoog op de politieke agenda staat. Een ontmoetingsruimte in reële zin: we zaten aan een tafeltje in Café Vers in Aken, samen met de redactie van Trimaran, zo nu en dan klonk geritsel van woordenboeken of een vraag, een beetje zoals biljarten, steeds via een taalband gespeeld, een enkel woord dat de kant aanstoot, de rand waar de ene taal misschien begint en de andere ophoudt en elkaar precies daar raken, misschien daar wel hun overeenkomsten kennen. Maar ook een ontmoeting in resonantieruimtes, poëtische echokamers:

Vol in de zon, begint mijn werk met de teksten van Lies Van Gasse die de komende weken en maanden een nieuwe *toon* zal brengen in mijn schrijven en lezen en denken. Heel bewust kies ik het begrip *toon*. Juist in zijn meerduidigheid, die er van oudsher in besloten ligt, of zoals het in het woordenboek van de gebroeders Grimm staat: *toon komt enerzijds voor als 'klank' in het algemeen en voornamelijk dan als onmuzikaal 'geluid', waarvan de dynamische krachtsontplooiing in het bijzonder benadrukt wordt, anderzijds als muzikale, esthetische 'melodie', als 'muziekstuk' en 'lied' bovendien.* Kleur en klank, misschien als karakteristieken van een dichtkunst die me met haar vermeende concrete beelden naar de meest uiteenlopende plekken brengt, naar topografische uitgangspunten (bijna zoals Sebald het opvat). Ik volg Lies Van Gasses rangschikking van woorden, zo luister ik naar het zingen van haar *bruinvis*, hoe ze dat inpast in het nu, hoe de woorden zich soms niet laten vastbinden, maar net als een klank hun semantische afbakening te buiten gaan of binnendringen. En het is me niet altijd helemaal duidelijk of ik alleen maar lees of dat ik deel word van haar gedichten, in beweging word gezet, in al die zo eigen landschappen die ze op een rij zet, ze legt een puzzel, daar waar ze rails en sporen verlegt, speelgoedlandschapjes en toch zo waarachtig. Lies Van Gasse laat ze bovennatuurlijk schitteren, om vervolgens de grond eronder weer weg te trekken, en mij als lezer zachtjes maar voortdurend de vraag te stellen: wat doe je eigenlijk? Hoe ben je als mens in jouw leven?

Vol in de zon en met de gedichten van Lies Van Gasse heb ik de voorbije weken steeds weer over die vraag nagedacht, wat is het eigenlijk, *een mens zijn?* Wat versta ik daar zelf onder? Waarvandaan bekijken wij de maatschappij, de toekomst (sic) en het verleden, wat gebeurt er als we ons vertrouwde perspectief loslaten? De teksten van Lies Van Gasse maken het mogelijk, op een totaal onvergelijkbare manier die een lichamelijk schrijven vol van zachtmoedigheid samenbrengt met een tijdloze en onvergankelijke blik op de wereld.

Vol in de zon, het was en is een prachtige ontmoetingsruimte, in al zijn tonaliteiten, in zijn begrip waarin de *toekomst uit verleden begrijpelijk wordt*, en het plezier dat ik eraan heb beleefd om klank- en taallandschappen uit het Nederlands in het Duits in mijn binnenste uit te meten, althans een poging daartoe, kortom: om een tussenstation in het woord te vinden,

Vol in de zon

Vertaling: Elbert Besaris

steen

Vol in de zon wordt het groen bedekt
door alleen maar zwarte stippen.

Na jaren van onbruik stierven we af:
eerst de buitenste ledematen,
dan de stut, vertakt op de kern.

Iets tikt nog, maar onbeheersbaar.

Is het een hart, een ader, een kwab?
Zitten er zoveel gaten in de werkelijkheid
dat wij nu het gras moeten lezen?

Bloedend voorhoofd, werp me terug van de agent op het paard
naar de jongen in het gras, laat hem weer klein worden, werp me

naar het lichaam dat schuilt achter een fiets,
eerst lang, dan ineengedoken,

naar de modder aan de knieën, het gescheurde T-shirt,
naar de schoen, de hoef, de voet, werp me

naar je slaapkamer, het geluid naast je bed,
naar het licht, het begin van het licht, de droom

waarin wij elkaar hadden kunnen ontmoeten.

Stein

Hier, mitten im Licht, wird all das Grün
nur von schwarzen Punkten bedeckt.

Ungebrauch, jahrelang, wir starben ab:
Von außen, ganz außen zuerst
zum Innern, verzargt bis in den Kern

Reste ticken noch, wir haben nichts im Griff.

Ist das ein Herz, eine Ader, ein Fleischlappen?
Ist die Wirklichkeit wirklich so löchrig
dass wir jetzt das Gras lesen müssen?

Du blutende Stirn, wirf mich zurück vom Polizisten auf dem Pferd
zum Jungen in dem Gras, lass ihn wieder klein werden, wirf mich

zum Körper, der sich hinterm Fahrrad versteckt
lang, erst noch, dann in sich gekauert

zum Schlamm, an den Knien, zum T-Shirt, zerrissen,
zum Schuh, zum Huf, zum Fuß, wirf mich

zum Schlafzimmer, zum Geräusch neben deinem Bett,
zum Licht, zum Anfang des Lichts, zum Traum

dorthin, wo wir einander hätten sehen können.

bruinvis

Om goed te luisteren, moet je kunnen zingen:
zacht of langzaam, doordrongen van slaap,
zwaar als opspringend gewicht,
waterachtig als een doorschijnende nacht,
kwetsbaar als een vlies,
maar altijd behoedzaam ademend,

soms onder dekens,
soms onder een donker maar helder oppervlak,
soms vol vrijheid en beweging.

Ik weet het.
Ik heb dat soort zingen gekend,
maar de nacht vervelde naar verwarring.
Verwondering werd overlast.

Na kilometers stilte klonk tussen de waterlichamen
het piepen en klikken van staal, getater tussen kieren,
een drumstokje, een vibrafoon.

Een schokgolf van geluiden,
van mannen, ver in het donker,
van echo's, clicktracks, schroeven,
van windturbines, heipalen, milities,
van motorgeluid en sonar,
springladingen, schepen.

En daar zwom je dan, zingend onder een mensenarm.
In het donker hoor ik je cirkelvormige wens om stilte,
een kinderlichaam zwaar.

Braunwal

Um gut zu hören, musst du singen können:
sacht, auch langsam, schlafdurchdrungen:
schwer wie aufspringendes Gewicht,
wässrig wie durchscheinende Nacht,
verletzbar wie pure Haut,
aber immer behutsam atmend,

mal unter Decken,
mal unter dunkelheller Oberfläche,
mal voller Freiheit und Bewegung.

Ich weiß es.
Ich kannte diese Art zu singen,
aber aus der Nacht schälte sich Verwirrung.
Verwundern wurde Überlastung.

Nach einer Stille, kilometerlang, klang zwischen Wasserkörpern
das Quietschen und Klicken von Stahl, dazwischen Spaltengezeter,
ein Trommelstock, ein Vibrafon.

Eine Schockwelle aus Geräuschen,
Männern, entfernt in diesem Dunkel,
von Echos, Clicktracks, Schrauben,
von Windturbinen, Rammpfählen, Milizen,
von Motorgeräuschen und Sonar,
Sprengsätzen, Schiffen.

Und da schwammst du also, singend unterm Menschenarm,
in diesem Dunkel hör ich deinen zirkulierenden Wunsch nach Stille
einen kindlichen Körper schwer.

ekster

Er is een ekster geland
die door mijn mond naar binnen kijkt
hoe de regen zich uitkleedt in het koude raam
en ik onzichtbare boeken schijn te lezen.

Iemand neemt een hap uit de tijd.
Iemand snijdt een cirkel uit

van houtkrullen, een muizengang,
mijn aangedampte brilglazen,
een licht geopende mond.

Er ligt spanplastiek over de machine
die ik niet begrijp. En zij, in haar bloedende,
maar ongewenste verpakking, begrijpt mij niet.

Er is een ekster geland.
Mijn handen staan stil.
Er is iets, er is iets gestolen.

Twee cirkels kijken mij naar buiten.
Twee cirkels rijden mij naar huis.

Elster

Eine Elster ist gelandet.
Blickt durch meinen Mund ins Innere.
Sieht Regen. Wie er sich auskleidet im kalten Fenster.
Und mich. Wie ich unsichtbare Bücher zu lesen scheine.

Jemand beißt ein Stück aus der Zeit.
Jemand schneidet einen Kreis

aus Holzkrallen, ein Mäuseflur
meine beschlagenen Brillengläser,
ein leicht geöffneter Mund.

Gespannt liegt Plastikfolie über der Maschine.
Ich begreife sie nicht. In ihrer rotblutenden,
unerwünschten Verpackung. Und sie, die Maschine,
begreift mich nicht.

Eine Elster ist gelandet.
Still stehen meine Hände.
Da ist was, da ist was gestohlen.

Zwei Kreise blicken mich nach draußen.
Zwei Kreise bringen mich nach Hause.

Metamorfose

Uit de hemel gevallen lijk je kleiner dan ooit
en je wil in iets veranderen,

maar hoe je ook zwaait met je penseel,
de wereld aan je voeten
is er nooit helemaal klaar voor.

Uitbundig dansen de grassen boven de grond,
de takken boven de stam, de wolken boven de bladeren.

Leg een net over de nerven van je gezicht
en probeer jezelf te vangen.

Hoe licht kan je zijn
als je jezelf helemaal leeg maakt?

Eerst een berg, dan een bos,
dan een poort van zilveren smeedwerk,
een wolkachtige wand, een slangenmuur.

Wortel met je handen,
reis met je hoofd.

De bloei kan altijd herbeginnen.

Metamorphose

Aus dem Himmel fallend, scheinst du kleiner denn je.
Du willst anders werden.

Aber was du auch machst und tust mit deinem Pinsel,
die Welt zu deinen Füßen
ist irgendwie nie richtig bereit dafür.

Gräser tanzen unbändig überm Grund,
überm Stamm die Zweige, Wolken über Blättern.

Leg dir ein Netz über den Verlauf deines Gesichts
versuch', dich selbst einzufangen.

Wie leicht kannst du sein
wenn du alles aus dir räumst?

Zuerst ein Berg, dann ein Wald,
dann ein Tor. Silbergeschmiedet.
Eine Wand, wolkenartig. Eine sich schlängelnde Mauer.

Lass deine Hände wurzeln,
deinen Kopf reisen.

Das Aufblühen kann jederzeit aufs Neue beginnen.

De voeten van Cole Younger (voor Rufus)

Een dunne groene lijn liep door het landschap.
Een bladerachtig aangezette schaamstreek
die tussen de gebouwen woekerde
brak de blokken open.

Ze waren met drie.

Hij wist niet van hoedenmode in Sherwood Forest
en Shakespeare citeerde hij gebrekkig,
maar tussen zijn tenen legde hij op zondagochtend
spoorwegoverwegen, puntwissels, zachte en verharde
                                            beddingen.

Het stuk aan de luchthaven bijvoorbeeld
leek makkelijk in te nemen,
maar je steelt geen mobieltje,
je breekt niet in langs het tuinhek,
                                toch?

Ondertussen zijn voeten,
een blinkend stilleven
van modder en nat
– dat is wat een dier mij vertelt.

Er was hem gezegd dit spoor te volgen,
maar het begroef hem in modder en groen.

Geen postkoetsen, geen voorbijgangers
met zakken vol goud, geen
angstig rinkelende juwelen.

De voeten van Cole Younger waren misschien
nog te zacht voor dit landschap,
te klein, te onbeslist,
te groot voor het dons van de weg
en de wolken waarover ze liepen.

Waar ze heen wilden,
we wisten het niet,
we wilden het niet weten.

Toch trokken zij ons recht, de berm over.
Toch spoorden zij door slijk en geulen,
langs vossenpad, konijnenhol en dassenburcht,
langs bloesem, laatbloeier en katje.

Wolken werden hoog gras,
de rand van de vloer
een overtrokken horizon.

Die Füße von Cole Younger (für Rufus)

Dünngrün verlief eine Linie durch die Landschaft.
Blatttreibend, schamförmig
wucherte sie zwischen den Gebäuden,
brach Blöcke auf.

Sie waren zu dritt.

Von Hutmode im Sherwood Forest wusste er nichts
und Shakespeare zitierte er nur gebrochen,
aber sonntagmorgens legte er Bahnübergänge,
                                      Weichenspitzen,
zarte und harte Gleisbetten zwischen seine Zehen.

Das Gebiet am Flughafen etwa
schien ganz einfach einzunehmen,
aber du stiehlst kein Handy,
du brichst nicht einfach durchs Gartentor ein,
                                oder?

Währenddessen seine Füße,
ein blinkendes Stillleben
aus Schlamm und Nässe
– genau so erzählt es mir ein Tier.

Ihm wurde gesagt, dieser Spur zu folgen
aber Schlamm und Grün begruben ihn.

Keine Postkutschen, keine Vorübergehenden
mit goldgefüllten Taschen, keine
angstklingelnden Juwelen.

Die Füße von Cole Younger waren vielleicht
noch zu weich für diese Landschaft,
zu klein, zu unentschlossen,
zu groß für die Daunen auf dem Weg
und die Wolken, über die sie liefen.

Wo sie hinwollten,
wir wussten es nicht,
wir wollten es nicht wissen.

Doch rückten sie uns zurecht, über den Rand.
Doch spurten sie durch Rinne und Schlick,
entlang Fuchspfad, Kaninchenbau und Dachsburg,
entlang von Blüten, Spätblühendem und Pollenkätzchen.

Wolken wurden zu hohem Gras,
der Rand des Fußbodens
ein bedeckter Horizont.

Gras ademde bomen.
De wind blies zachte raadsels.

Een bekend gezicht fluisterde:
Boomtop, boomtop, waar ben je?

Hij hoorde wielen denderen.
Nu moest er toch echt wel één komen?

Doorheen het gebladerte bewogen de uitlaatgassen
en ruiste een ballet van claxons, maar dit lied
werd door een woekerende duizendknoop bedekt.

Ergens tikte een tram.

Het gaat er niet om te sporen,
maar te ontsporen.

De voeten van Cole Younger
waren zacht en rozig
en blonken in de ochtendzon.

Ik kon ze mij herinneren
telkens ik het huis verliet.

Ze wezen me de weg
naar een weefsel van takken,
de beschutting van een houtwal,
naar het ongecontroleerde woekeren,
het nesten en het zoeken.

In de herinnering aan zijn voeten
herkende ik de mijne
en zo kreeg een lichaam vorm
en trok het zich op weg.

Ik vroeg nog aan zijn voeten
waar ze heen wilden. Ze wisten het niet.

Met zijn stok, ergens op de wandeling geraapt,
die hij heel de tijd strak voor zich uit hield,
zette hij wormen en kevers over
en wees hij naar spoorwegbilzen.

De rails lagen bloot op het landschap,
los op de stenige berm.

De vogels weerstonden ze niet.
Het fluitekruid weerstond ze niet.
Zijn voeten weerstonden ze niet.

Gras atmete Bäume.
Der Wind wehte Rätsel.

Ein bekanntes Gesicht flüsterte:
Baumspitz, Baumspitz, wo bist du?

Räder hörte er dröhnen.
Nun mussten doch wirklich welche kommen?

Auspuffgase wogten durchs Laub,
ein Hupkonzert rauschte, aber dieses Lied
wurde vom wuchernden Knöterich bedeckt.

Irgendwo klackerte eine Straßenbahn.

Es geht nicht darum, im »Gleis zu bleiben«,
es geht ums Entgleisen.

Die Füße von Cole Younger
waren weich und rosig
und leuchteten in der Morgensonne.

Ich konnte sie erinnern,
jedes Mal, wenn ich das Haus verließ.

Sie zeigten mir den Weg
Richtung eines Zweiggeflechts,
dem Schutz eines hölzernen Ufers,
Richtung dieses unkontrollierten Wucherns,
dem Nisten und dem Suchen.

In Erinnerung an seine Füße
erkannte ich die meinen
und so kam es, dass ein Körper Form annahm
und sich auf den Weg machte.

Ich fragte seine Füße noch,
wo sie hinwollten. Sie wussten es nicht.

Mit seinem Stock, irgendwo auf der Wanderung aufgegabelt,
die ganze Zeit kerzengerade vor sich gehalten,
setzte er Würmer und Käfer über
und wies sie auf Bahnschwellen.

Die Schienen lagen nackt auf der Landschaft,
lose am steinigen Rand.

Die Vögel widerstanden ihnen nicht.
Der Wiesenkerbel widerstand ihnen nicht.
Seine Füße widerstanden ihnen nicht.

Evenwicht

Midden op straat trekt een man aan de snaren van zijn gitaar.
Er zit geen gewicht in dit metaal dat argeloos, maar met een
niet te tillen zwaarte, de nok van de hemel in schiet.

Het trillen van de wereld kunnen we nu echt goed horen.
Wat voor luchtspiegeling hebben wij toch gebouwd?

Er is iets met deze woensdagmiddag. Aambeeldschieten
breekt zo lekker de week doormidden. Zelf je printer demonteren,
proeven van een stikstofijsje, je zwaard uit de nevel trekken,
hinken als een wilde cowboy, het streamen van zweet op je neus.

Die lucht is om in de gaten te houden, *ik zeg het je*,
zelfs een pingpongbal raak je beter zacht aan.
Niets van deze droogte was voorspeld. Je vraagt je af,
wiebelend, navigerend door de tropopauze:

zit er genoeg gewicht in dit metaal dat argeloos, maar met een
niet te houden lichtheid, en op en neer, en neer en op,

en iedereen kijkt en vraagt zich af,
en iedereen wacht, maar ziet het aankomen

en dan, *ja toch*,
en dan, een wolk,
heel plots, zoals vissen kuit schieten –

bij het werk
'Grote wip met aambeeld'
van Joost Pauwaert

Gleichgewicht

Mitten auf der Straße: Ein Mann zieht die Saiten seiner Gitarre bis zum Anschlag.
Kein Gewicht in diesem Metall, das leichthin, und doch mit einer
unerträglichen Schwere in den Himmel schießt.

Das Schwingen der Welt ist nun wirklich gut zu hören.
Was für Luftschlösser haben wir da nur gebaut?

Irgendetwas ist mit diesem Mittwochnachmittag. Mit Amboss-Schießen
lässt sich die Woche so leicht durchbrechen. Den Drucker selbst demontieren,
ein Stickstoffeis probieren, dein Schwert aus dem Nebel ziehen,
hinken wie ein wilder Cowboy, das Schweiß-Streamen auf deiner Nase.

Die Luft gilt es im Blick zu halten, *das sag ich dir*,
sogar einen Tischtennisball rührst du besser nur ganz sacht an.
Nichts von dieser Trockenheit wurde vorhergesagt. Du wunderst dich,
wibbelig, navigierend durch die Tropopause:

Ist da genug Gewicht in diesem Metall, das leichthin, und doch mit einer
unhaltbaren Schwerelosigkeit, und Auf und Nieder, und Nieder und Auf,

und alle schauen und wundern sich,
und alle warten und sehen es schon kommen,

und dann, *ja doch*,
und dann, eine Wolke,
ganz plötzlich, ein Laich-Schuss aus dem Nichts
wie nur Fische es können –

zum Werk
»Große Wippe mit Amboss«
von Joost Pauwaert

Lies Van Gasse — Gedichten | Gedichte

Dit gaat over verdriet, maar ik zeg het anders,
als een snelle, veelvoetige wind, koud over lanen,
als een haastige, zinloze gedachte.

Dit gaat over pijn, maar het klinkt
als gefladder van bladeren,
gewicht waardoor men een buiging maakt,
de handen strak voor het gezicht.

Door het vallen van zon
moest ik mij onverwachts herschikken.
Door mijn middagen gaapt nu een dal.

In je slaap leg ik takjes naast je gezicht,
gevonden keien, schelpen, mos.

Je ledematen liggen als zacht koraal op de oever,
je woorden klinken na als een sleepnet

tenzij, als ik een rif leg
tussen mijn beide handen.

*geschreven bij de
beeldengroep
'Het treurend ouderpaar'
van Käthe Kollwitz
in Vladslo*

Over veel meer gaat dit niet.

Wit huilt de wandelaar,
een lijster schudt zijn veren.
De vogel buigt en bidt.

Hier geht's um Kummer, aber ich sprech' anders,
sage es schnell, windatmig; kalt durch Alleen,
sage es hastig, ohne großen Sinn.

Hier geht's um Schmerz, aber es klingt
wie Flattern von Blättern,
so ein Gewicht, das einen ins Beugen und Krümmen bringt,
die Hände starr vor dem Gesicht.

Durch den Fall meiner Sonne
musst' ich mich jäh neu ausrichten
durch meine Mittage gähnt nun ein Tal.

In deinen Schlaf leg' ich Ästchen im Nahen deines Gesichts
aufgefundene Steinbrocken, Muscheln, Moos.

Korallenweich, so liegen deine Glieder am Ufer,
Wie ein Schleppnetz, so klingen deine Worte nach

außer ich lege ein Riff
zwischen meine Hände.

*zur Figurengruppe
»Trauerndes Elternpaar«
von Käthe Kollwitz
im belgischen Vladslo
geschrieben*

Um viel mehr geht's hier nicht.

Weiß heult der Wandernde,
eine Drossel schüttelt ihre Federn.
Der Vogel beugt sich. Und bittet.

Klein, lief mensje, met je omgekeerde worteltjes,
je afgesleten takjes, je met stof overtrokken blaadjes,

ik wil je kriebelen, heel de dag, totdat de zon groeit op je haren.
Ik wil een dakje zijn voor druppels, de felste hitte bewaren
voor wat naast je ligt: een huizenrij, een blokkendoos,
een slalomweg, wat kasseien en stellingen naar de haven.

Klein lief mensje, ik wil je aaien, je ritselend beschermen,
maar jij stopt jezelf steeds weer in dozen: metalen dozen
die je met moeite een paar kilometer verder brengen,
stenen dozen die je tegen alle weertypes moeten beschutten,
kartonnen dozen, houten dozen, dooswerk.

Mensje, lief klein mensje, ik hoef maar te blazen en je ligt omver,
ik hoef maar te gillen of één van mijn armen voor je neer te leggen
en je sluit alle parken, gaat me te lijf. Je zet mijn voeten in te hard beton,
houdt me in potten op je terras. Of als éénling, strak in de zon.

Mensje, mensje, met al mijn armen wil ik een kruin voor je zijn,
met je vingertjes vergroeien aan de rand van de straat,
je omarmen.

Lies Van Gasse — Gedichten | Gedichte

Du kleines, liebes Menschelchen, mit deinen auf den Kopf gestellten Würzelchen,
deinen abgetragenen Zweigelchen, deinen eingestaubten Blätterchen,

ich will dich kribbeln, den ganzen hellen Tag, bis Sonne dir aus deinen Haaren wächst.
Ich will dir Regendach sein, die ärgste Hitze aufbewahren,
für all das, was um dich liegt: eine Häuserreihe, eine Spielzeugbox,
eine Serpentine, hier und da Kopfsteinpflaster und Gerüste Richtung Hafen.

Du kleines, liebes Menschelchen, ich will dich streicheln, im Rascheln dich beschirmen,
aber du versteckst dich immer wieder in all deinen Boxen: Metallboxen,
die dich nur mühsam ein paar Kilometer weiterbringen,
Steinboxen, die dich gegen jedes Wetter beschützen sollen,
Kartonboxen, Holzboxen, ganze Boxkosmen.

Menschelchen, liebes kleines Menschelchen, ich muss nur einmal blasen und schon fliegst du um,
ich muss nur laut gellen oder einen von meinen Armen fest um dich legen
und du schließt alle Parks, rückst mir auf den Leib. Betonierst meine Füße,
hältst mich in Töpfen auf deiner Terrasse. Oder vereinzelt, voll der Sonne ausgesetzt.

Menschelchen, Menschelchen, mit all meinen Armen will ich eine Krone für dich sein,
mit deinen Fingerchen verwachsen am Straßenrand,
dich umarmen.

Übersetzung/Vertaling: Simone Scharbert
Interlinearfassung/Interlineaire vertaling: Stefan Wieczorek

Lieve Liebe Simone,

Terwijl ik met de laatste kleine dingetjes bezig ben, de zo persoonlijke woordkeuze en zovoort, ontvouwt je cyclus 'Alice doesn't' zich tot een hoogst persoonlijke verzameling van vrouwenlevens. Ik noemde het op onze zoom vergadering een feministisch MANIFEST. MAAR je toon is breekbaar en subtiel en doet me denken aan en over mijn eigen geluid in dit alles. Ik vertelde je over de biografie van Kiki de Montparnasse (Alice Prin) die ik zo verslonden heb - Ik las ze toen ik zelf bezig was aan de tekeningen voor "Nel, een zot geweld", mijn graphic novel over de muze van Rik Wouters (die ik zo bewonder). Beide vrouwen maakten deel uit van een tijdperk, een "scene". Je kent misschien wel het beeld van het Zotte Geweld ✱ - Dat is Nel.

Maar jouw gedichten Ik ervoer Nel en Kiki vrouwen die wat ont de tijd werden toegedek vrouwen die de kunst va gaven. Nu ik jouw geo door het vorderen van die daarbij horen, het ge het gevecht tussen ca die andere kant. I ik zie al die vrouwe dat kluwen van liefd De gedichten wijzen het is die levens te t we leven in wat onze "de eeuw van de vrouw de beho

Lies Van Gasse — Simone Scharbert: Briefe | Brieven

Liebe Lieve Simone,

während ich an den letzten kleinen Dingen arbeite, der ganz persönlichen Wortwahl etc., breitet sich dein Zyklus »Alice doesn't« als eine höchstpersönliche Sammlung weiblicher Lebensläufe vor mir aus. Ich nannte ihn bei einem Zoom-Treffen einmal ein feministisches Manifest, aber dein Ton ist zerbrechlich und subtil und macht, dass ich meinem eigenen Klang in all dem nachspüre. Ich habe dir von der Biografie von Kiki de Montparnasse (Alice Prin) erzählt, die ich so verschlungen habe – ich las sie in der Zeit, als ich selbst an den Zeichnungen zu »Nel, een zot geweld / Nel, ein närrisches Gefühl« arbeitete, meine Graphic Novel über die Muse von Rik Wouters (die ich so bewundere). Beide Frauen waren Teil eines Zeitalters, einer »Szene«. Vielleicht kennst du die Skulptur »Het Zotte Geweld / Ein närrisches Gefühl«? * – Das ist Nel.

Aber deine Gedichte zeigen eine andere Seite. Ich nahm Nel und Kiki immer als kraftvolle Frauen wahr, die ungerechterweise vom Staub der Zeit bedeckt wurden. Ich sah sie als Frauen, die der Kunst »ihrer« Männer Form gaben. Wenn ich jetzt deine Gedichte lese, vielleicht auch durch das Voranschreiten der Lebenszeit, durch die Geschäftigkeit, die dazugehört, den Trubel mit den Kindern und die Sorgen, den Konflikt zwischen verschiedenen Karrieren, erkenne ich diese andere Seite deutlicher. Ich lese deine Gedichte und sehe all diese Frauenleben, die mich anschauen, ein Gewirr aus Liebe und Unterordnung. Die Gedichte führen mir vor Augen, wie wichtig es ist, diese Leben zu zeigen. Ich weiß, wir leben in etwas, was unser Premierminister so ironisch »das Jahrhundert der Frau« nennt, aber zugleich spüre ich die Notwendigkeit – all diese Leben, all diese unerfüllten Versprechen.

Ich selbst habe das lange nicht als Thema betrachtet. Ich debütierte mit kurzem Haar * in einer Literaturzeitschrift, betrachtete den Dichter in mir als einen von meinem Körper abgeschnittenen Geist, eine unabhängige Entität, die sich vollkommen frei über das Blatt bewegen konnte. Ach ja.

Ich habe und hatte diese Sehnsucht: zeitlos zu sein, gelesen zu werden losgelöst von Farbe, Geschlecht, Wurzeln. Als Sprache. Als Wesen aus Sprache, Lyrik und Gedanken. Aber je mehr meine Röcke zurückkamen, meine Haare grauer wurden –

Diese Sehnsucht lese ich auch in deinem Gedicht über Alice Schmidt (wenn ich sie im Netz suche, lande ich bei einer durchtrainierten Läuferin). Sie hat ihre eigene Sprache, ihr eigenes lyrisches System entwickelt und sich so, in all ihrer Verborgenheit, doch emanzipiert.

Ob wir mit unseren Gedichten nicht mehr, nicht ausdrücklicher, in die Welt müssen, hast du mich gefragt, doch –

Aber das Verborgene, Simone, das ist die Welt.

Manchmal, im Schlaf, denke ich an all die verborgenen Leben, wie ich spüre, dass sie sich um mich bewegen und ich frage mich (so viel). Ist das zu fassen?

Liebe Lieve Simone, Schnitweiss,
Lies   12.12.2023

Lies Van Gasse — Simone Scharbert: Briefe | Brieven

Erftstadt, 27 december 2023

Beste, lieve Lies,

Terwijl ik je brief lees – en ik hou van brieven – draait de wereld meedogenloos door, in het verborgene, in het zichtbare, met erin al wat we kunnen begrijpen of ook niet kunnen begrijpen. En de dagen zijn hier voorbijgegaan, zomaar, met in die dagen begrippen als tijd, en je schrijft over 'tijd-loos', over tijdloos zijn, en ik weet meteen wat je bedoelt, want sinds ik op weg ben en ben geweest in je gedichten, geef ik het woord 'tijdloos' alle mogelijke kleuren en vormen en beelden, nee, geeft dit woord jouw beelden aan zichzelf, beelden die in je teksten zo'n zachte maar onbuigzame behuizing kennen – (en verbluffend, denk ik, dat we zo anders schrijven maar misschien soms iets vergelijkbaars voor ogen hebben, een 'elstern', een 'geëkster' in mij) – en, sinds ik op weg ben en ben geweest in je gedichten, blijf ik weleens staan, ik zie mezelf, met een instrument, de snaren tussen mijn vingers, ik trek eraan, midden op straat, in dit leven, en luister naar de toon die uit je teksten opklinkt, eerst nog zachtjes, maar die met elke lezing helderder wordt, mijn hier-en-nu vervult, en weet je, lieve Lies, omdat ik er geen woorden voor kan vinden, lees ik anderen soms maar gewoon jouw teksten voor, want voor mijn gevoel stroomt er een diepe menselijkheid door ze heen, een perspectief op de wereld, een gebaar dat ik me soms in de tegenwoordigheid van onze krankzinnige tijd wens, een hand wellicht, en hoe die vol tederheid nabijheid kan scheppen, ik zie rails door het gras groeien, Lies!, ik dwaal erachteraan, je woorden, je beelden, het zijn net touwen, een denkterrein, en af en toe blijf ik staan, blik in het hemelsblauw (denkend aan aambeeldschieten), voel de warmte van een zon, praat met de stenen (die piepkleine stippen), lees je gedichten ook voor aan hen, en steeds opnieuw, lieve Lies, haalt de tekst over Käthe Kollwitz me in en ik laat me door jouw woorden aan de hand meevoeren, ik probeer te grijpen, te begrijpen, 'want nu is alles toekomst', schrijft ze in haar dagboek (december 1918), en, lieve Lies, 'toekomst' in gedichten, bestaat dat? Herzlich,

Simone.

Deurne, 6 januari 2024

Lieve Simone,

Terwijl ik je schrijf, maakt de kat rare geluiden in haar mand. Ik moet eigenlijk "hij" zeggen. Het is namelijk een kater. En het is een oude kat. In maart wordt hij 16 en daarom vergeef ik hem alles - zijn vreemde gekreun 's avonds, zijn onaangepaste gewoontes, de haarballen, etc...
Hij is mijn geheugen. 16 jaar geleden nam ik hem mee, ik stal hem bijna, als een dief in de nacht uit een ander leven, een andere relatie. Sindsdien volgt hij mij in al mijn huizen.
Hij was mijn schaduw toen ik een schaduw nodig had.

Je spreekt over **toekomst** in gedichten en dat terwijl ik de laatste tijd soms het gevoel heb dat er vooral veel verleden is. Ik bedoel dit niet pessimistisch. Misschien is het ook gewoon de tijd van het jaar.
Ik bedoel verleden in die zin dat ik in het heden zoveel patronen herken. Of ook dat het verleden me op weg zet om mijn heden, ons heden, het heden, en dus onvermijdelijk ook de toekomst, beter te begrijpen.

Hier rechts herken je mij misschien met mijn offspring. Voor de gelegenheid had ik mijn <u>roze</u> trui aan gedaan, want ja, we gingen naar het Ensorhuis (vandaar ook de maskers). Het is dit jaar allemaal Ensor, een schilder waarik zo op het eerste zicht nooit veel mee had, al was ik wel altijd dol op zijn gravures. Ik was hier misschien eerder heen moeten gaan, want Ensor leefde boven een souvenirwinkel die in originele staat is bewaard. Heel wat schelpen en stenen dus om over te schrijven. Maar vooral: twee nieuwe **Alices** melden zich aan.

De eerste Alice is eigenlijk een valse Alice, want ze heette **Alex**, meer bepaald Alexandra Daveluy. James Ensors zus kreeg haar als dochter uit een weinig succesvol huwelijk (het was nogal snel voorbij en Ensors zus, Mitche, bleef met de zorg voor het kind zitten, maar in een omgeving van veel vrouwen en de schilder groeide Alex op om Ensors favoriete nichtje te worden. Hij noemde haar nu zou het niet meer kunnen, <u>la Chinoise</u>.
De tweede, echte Alice, is **Alice Frey**. Vreemde geschiedenis. Zij zou de

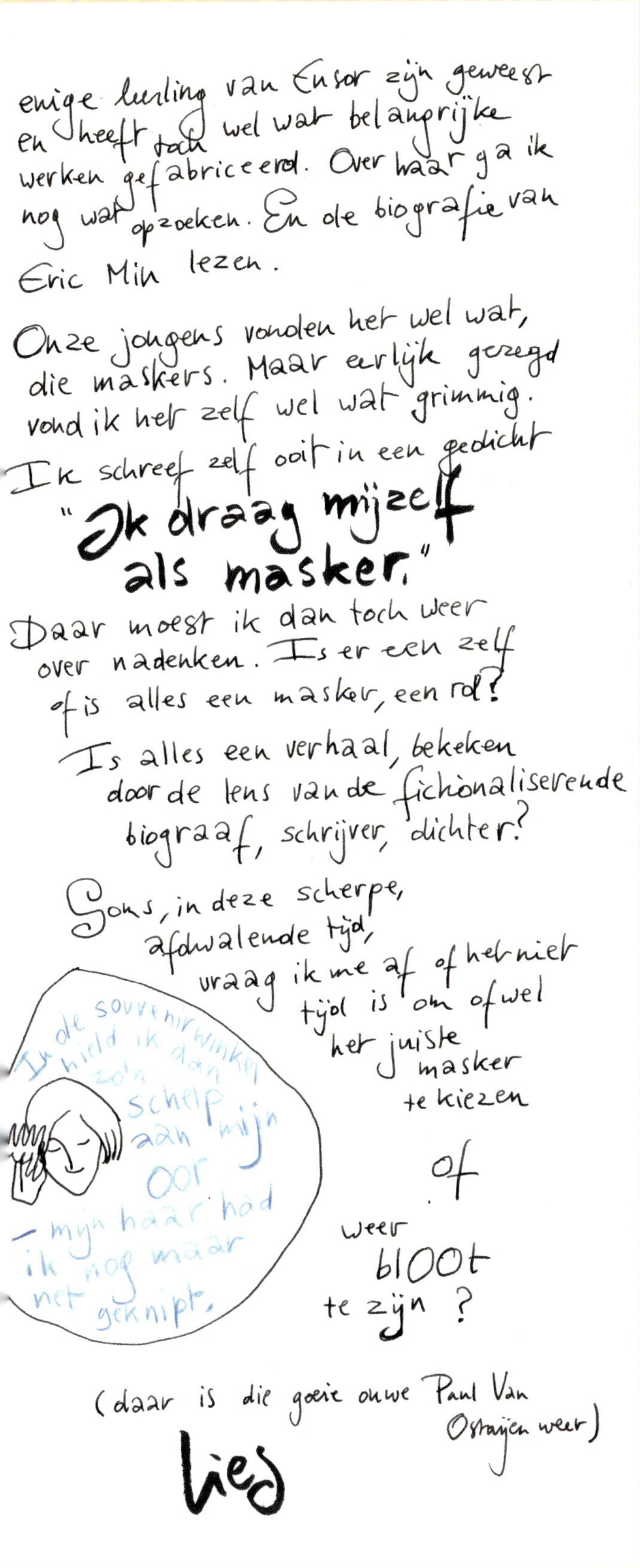

Lies Van Gasse — Simone Scharbert: Briefe | Brieven

[Handschriftlicher Brief, linke Seite:]

enige leerling van Ensor zijn geweest en heeft toch wel wat belangrijke werken gefabriceerd. Over haar ga ik nog wat opzoeken. En de biografie van Eric Min lezen.

Onze jongens vonden het wel wat, die maskers. Maar eerlijk gezegd vond ik het zelf wel wat grimmig. Ik schreef zelf ooit in een gedicht

"Ik draag mijzelf als masker."

Daar moest ik dan toch weer over nadenken. Is er een zelf of is alles een masker, een rol?

Is alles een verhaal, bekeken door de lens van de fictionaliserende biograaf, schrijver, dichter?

Soms, in deze scherpe, afdwalende tijd, vraag ik me af of het niet tijd is om ofwel het juiste masker te kiezen

of

weer bloot te zijn?

[in Kreis:] In de souvenirwinkel hield ik dan zo'n schelp aan mijn oor - mijn haar had ik nog maar net geknipt.

(daar is die goeie ouwe Paul Van Ostaijen weer)

Lies

Deurne, 6. Januar 2024

Liebe Simone,

während ich dir schreibe, macht die Katze merkwürdige Geräusche mit ihrem Maul. Eigentlich müsste ich »er« sagen. Es ist nämlich ein Kater. Und es ist eine alte Katze. Im März wird er 16 und darum vergebe ich ihm alles – sein befremdliches Stöhnen am Abend, seine unangebrachten Gewohnheiten, die Haarballen etc. ...

Er ist mein Gedächtnis. Vor 16 Jahren habe ich ihn mitgenommen, fast habe ich ihn wie ein Dieb in der Nacht gestohlen, aus einem anderen Leben, einer anderen Beziehung. Seitdem folgt er mir in all meine Wohnungen. Er war mein Schatten, als ich einen Schatten brauchte.

Du sprichst über Zukunft in Gedichten und das, während ich in letzter Zeit manchmal das Gefühl habe, dass es gerade vor allem viel Vergangenheit gibt. Das meine ich gar nicht pessimistisch. Vielleicht ist es ja auch nur die Jahreszeit dafür. »Vergangenheit« benutze ich in der Bedeutung, dass ich im Heute so viele Muster wiedererkenne. Oder dass die Vergangenheit mich dazu bringt, mein Heute, unser Heute, das Heute, und damit unvermeidlich auch die Zukunft, besser zu verstehen.

Hier rechts erkennst du mich vielleicht mit meinem Nachwuchs. Ich hatte extra meinen rosa Pullover angezogen, denn ja, wir gingen ins Ensor-Haus (daher auch die Masken). Dieses Jahr dreht sich alles um Ensor, der mir als Maler auf den ersten Blick nie viel sagte, auch wenn ich schon immer nach seinen Radierungen verrückt war. Ich hätte vielleicht schon früher dorthin gehen sollen, denn Ensor lebte über einem Andenkenladen, der im Originalzustand erhalten geblieben ist. Also eine ganze Menge Muscheln und Steine, über die man schreiben könnte. Aber vor allem: Zwei neue Alices kündigen sich an. Die erste Alice ist eigentlich eine falsche Alice, denn sie hieß Alex, genauer gesagt Alexandra Daveluy. Die Schwester von James Ensor bekam sie während einer wenig glücklichen Ehe (sie war recht schnell vorbei). Ensors Schwester, Mitche, war mit dem Kind auf sich alleine gestellt. Aber in einer Umgebung mit vielen Frauen und dem Maler wuchs Alex zur Lieblingsnichte von Ensor heran. Er nannte sie, heute ginge das nicht mehr, la Chinoise.

Die zweite, echte Alice, ist Alice Frey. Merkwürdige Geschichte. Sie soll die einzige Schülerin von Ensor gewesen sein und hat durchaus einige wichtige Arbeiten geschaffen. Über sie werde ich mich noch informieren. Und die Biografie von Eric Min lesen.

Unsere Jungs mochten die Masken. Aber, ganz ehrlich, ich fand das etwas unheimlich. Ich schrieb einmal ein Gedicht: »Ich trage mich selbst als Maske.« Darüber musste ich noch einmal nachdenken. Gibt es ein Selbst, oder ist alles eine Maske, eine Rolle? Ist alles eine Geschichte, betrachtet durch die Kameralinse des fiktionalisierenden Biografen, Schriftstellers, Dichters?

Manchmal, in dieser schärferen, abgleitenden Zeit, frage ich mich, ob es nicht an der Zeit ist, entweder die richtige Maske zu wählen, oder wieder nackt zu sein? (Da ist er wieder, der gute alte Paul van Ostaijen)

Lies

Im Souvenirladen hielt ich dann eine der Muscheln an mein Ohr – meine Haare hatte ich gerade erst geschnitten.

Liebe Nies, es fällt mir schwer, weiter- & Haujach, Erftstadt
zulesen, ich bleibe direkt bei deinen   10.1.24
ersten Sätzen hängen, bei der Vergan-
genheit & der Gegenwart, bei deinem so schönen Verständ-
nis, aus der Vergangenheit heraus Gegenwart zu begrei-
fen. Und vielleicht ist Vergangenheit manchmal d. GRUND,
der bei INGEBORG BACHMANN in so viele Richtungen weist,
Bedeutungen in sich trägt, von GRUND haben bis zugrund
oder aufgrund / auf Grund gehen,   & DANKE FÜR DIE ALICE!!!

Und ich lasse mich aber (und hier liegt die Katze oben, sie spricht
von deinen Worten & an   manchmal in mein Schreiben, sie »kör-
die Hand nehmen, folge   pert« in Lauten, ist Teil meiner Gegen-
dir & deinen Söhnen,   wart, und was dein Schattenkatzenkater
deiner Erzählung, &   & meine Körperkatze wohl für 1 Ge-
all die Zeit denke ich   spräch führen würden?)
an CONNIE PALMEN und wie sie schreibt,
»irre werden muss, wenn man die ganze Zeit liest« & das war auch Vergangen-
heit und der Text war rauh & nackt (→ BLOOT), & verrückt, denn
deine MASKE   (& die vielleicht damit verbundene Frage, wie »wirk-
sind &   lich« unser (ICH) sichtbar ist, sind bei mir immer
wieder   der MANTEL – und das KLEID. Gerade im Schrei-
die   spielt Textil eine Rolle, ich kleide, verklei-
SPRACHE,   meine Figuren, meine Sätze, meine &
               und dennoch das Gesicht offen, den Blick

vielleicht, weil ich das Gefühl habe, dass wir alle in diesen Tagen so nackt, im Sinne
eines Verletzlich-Seins sind, und vielleicht ist genau das gut, auch im Schreiben.
Vielleicht hat das mit Zukunft zu tun: im Schreiben, im Sein die eigene Möglich-
keit, den Grad des Nacktseins bestimmen, mitentscheiden zu können?
Als ob das Gespräch hier richtig beginnen würde... Umarmung: Simone ♥

Lies Van Gasse — Simone Scharbert: Briefe | Brieven

Hausach, Erftstadt, 10 januari 2024

Lieve Lies,

het valt me niet mee om verder te lezen, meteen bij je eerste zinnen blijf ik hangen, bij het verleden en het heden, bij de prachtige manier waarop je het heden vanuit het verleden doorgrondt. En misschien is (voor mij) het verleden soms de grond die bij Ingeborg Bachmann zoveel kanten op wijst, betekenissen in zich draagt, zoals te gronde gaan, op grond van, grond onder de voeten hebben.

((Dankjewel voor de Alices!))

(en hier ligt de poes boven, soms zegt ze iets in mijn schrijven, ze 'belichaamt' klanken, is deel van mijn heden, wat voor gesprek zouden jouw schaduwkattenkater en mijn lichaamspoes wel niet voeren?)

en ik laat me maar door de woorden bij de hand nemen, ik volg jou en je zonen, je vertelling, en heel de tijd denk ik aan Connie Palmen, en hoe zij schrijft, of je niet een beetje gestoord wordt als je de hele tijd leeft, en het was verleden tijd, en de tekst was rauw en bloot, en gek, want je masker (en de daaraan gekoppelde vraag wie 'wij' zijn en wanneer onze IK zichtbaar is), zijn bij mij altijd weer jas en jurk, juist in het schrijven speelt textiel een rol, ik kleed, ik verkleed mijn personages, mijn zinnen, mijn taal een schild als het ware, en toch mijn gezicht open, mijn blik, misschien, want voor mijn gevoel zijn we deze dagen allemaal zo naakt, in de zin van kwetsbaarheid, en misschien is precies dat wel goed, ook in je schrijven. Misschien heeft het te maken met toekomst: in je schrijven, in je zijn zelf de mate van naaktheid te kunnen bepalen, inspraak te hebben?

Alsof het gesprek daar pas echt zou beginnen ...

Knuffel: Simone

Vertaling: Elbert Besaris

[Abbildung S. 57] »

Liebe Simone,

bevor ich anfing, diesen Brief zu schreiben, suchte ich in deinem vorigen Brief nach dem Stichwort Overall, aber jetzt wird mir klar, dass er ja in deinem neuen Gedicht über Alice Frey auftauchte. Wie schön übrigens, dass meine suchenden Briefe dich zu einem neuen Alice-Gedicht führten. Ich habe dir schon das Foto geschickt, auf dem ich im Overall zu sehen bin. Wie freue ich mich, wenn ich die Gelegenheit habe, diesen wieder einmal anzuziehen. Nicht, weil ich so gerne Wände weiße. In der Regel ziehe ihn an, wenn ich eine neue Wandbemalung mit einem Graphic Poem verwirklichen darf.

Der Overall ist ein Symbol der Gleichheit. Er verhindert, dass ich wie ein Gockel herumstolziere. Er verbirgt und bedeckt mich gewissermaßen; aber wegen der Wandbemalung – dieses ausgreifende, kraftvolle Farbereignis – finde ich, dass der Overall mich gewissermaßen auch zeigt.

Der Overall löscht jegliches Statussymbol. Und für einen Dichter ist das gut, das verhindert, abzuschweifen.

Damit meine ich: Ich würde gerne häufiger genau so wahrgenommen werden, als diejenige im Overall, die erschafft, die macht. Also mit Farbe. Das ist wichtig.

Ich habe mittlerweile schon ein bescheidenes Œuvre auf Wänden hinterlassen, das erfüllt mich mit Stolz. Über manche davon mache ich mir keine Illusionen. Einmal habe ich ein ausgesprochen schönes Graphic Poem auf die Wand eines Lofts in Gent gemalt. Etwas aus »Zand op een Zeebed / Sand auf dem Meeresgrund«. Der Besitzer ließ mich wenige Monate später wissen, dass er die Wände weiß streichen würde, weil er das Loft weitervermietete.

Auf dem Foto, das ich dir schickte, male ich ein Graphic Poem bzw. Stadtgedicht auf die Gartenmauer von De Hofkamer, einem Stadtpalast in Antwerpen. Da ist die Chance größer, dass es erhalten bleibt. Also kletterte ich vier Meter in die Höhe, in die »Wüste der Farben«, und malte da einige römische Gottheiten und Verse. Nachdem ich etwa einen Monat gemalt hatte, oft im Regen, ähnelte das Dunkelblau meines Overalls immer mehr den Wolken von Constable. Ach, auch wenn wir einfach zu übermalen sind, »Das Aufblühen kann jederzeit aufs Neue beginnen«. Damit tröste ich mich dann, mit Tipp-Ex in der Hand.

Lies

(...) Aber was du auch machst und tust mit deinem Pinsel, / die Welt zu deinen Füßen / ist irgendwie nie richtig bereit dafür.

Übersetzung: Stefan Wieczorek

begin opnieuw, so klingt es auch: tauch' ein, tauch' auf im maskenbrauch, nimmst platz, nimmst zeit, noch ist kein krieg, du schneiderst textil, schneiderst grazil, *jurk voor jurk, stof na stof*, doch hier nun zu sehn: *ma palette* und du, ein neues duett; die ordnung der dinge beginnt von vorn, tauschst schere in pinsel, verlässt antwerpen, ziehst nach ostende, behände behände, trägst *scherpen* neu *een overal*, dein farben all dein über all *in gebruik* in gebrauch in großvaters *winkel* deine kinderzeit, *ça ira*, das wird, ja schau, ja du, eine *vrouw*, eine künstlergruppe, das auch *dat ook* das auge *het oog*, verweilt vor bildern *het schilder(e)n* von harlekinen, an tischen *aan tafels* ein großer ernst, james ensor, und frauen in steifer bluse, in festem gewand, über teller und tassen, in kreide verwaschen, *oorlog* dazwischen, eine andere zeit, *geluk* ist hier ruckzuck verborgen, erzählst familie im neuen kleid, *het bruidspaar, de vrouw* ein mann, ein leben lang? und du aber weiter im *overal*, ganz blau, dein farben all hier nicht zu sehn: nur braun und grau, ja genau, *ma palette* und du, *begin van hier, begin opnieuw*, noch kannst du hören, nur dich und *de kleuren, ma palette* und du

SIMONE SCHARBERT

für und dank lies van gasse /
voor en dankzij lies van gasse

ALICE FREY (1895–1981)

begin opnieuw, zo klinkt het dan: kom voor de dag, de dag in maskerdracht, je neemt plaats, neemt tijd, de oorlog is nog niet, je naait textiel, naait graciel, *jurk voor jurk, stof na stof*, maar hier nu te zien: *ma palette* en jij, een nieuw duet; de orde der dingen begint van voren, je verruilt scharen voor kwasten, antwerpen voor oostende, behendig behendig, draagt *scherpen* nieuw een *overal*, je kleuren al je over al *in gebruik* in grootvaders *winkel* je jeugd, *ça ira*, komt goed, kijk nou, jij ja, *een vrouw*, een groep kunstenaars, dat ook, *das auch, das auge*, het oog, opgehouden door beelden *het schilderen* van harlekijnen, aan tafels uiterst ernstig, james ensor, en vrouwen in stijve blouse, in dicht gewaad, over borden en kopjes, in krijt vervaagd, *oorlog* tussendoor, een andere tijd, *geluk* ligt hier snelsnel verborgen, je vertelt gezin in de nieuwe jurk, *het bruidspaar, de vrouw* een man, een leven lang? maar jij verder in het *overal*, alom blauw, het kleuren allemaal hier niet te zien: enkel bruin en grauw, zie je nou, *ma palette* en jij, *begin van hier, begin opnieuw*, horen kun je nog, enkel jou en *de kleuren, ma palette* en jij

Vertaling: Elbert Besaris

lieve Simone,

voor ik deze brief begon te schrijven, zocht ik in je vorige brief naar het woord **overall**, maar ik besef nu dat het in je nieuwe gedicht over Alice Frey stond. Wat mooi, overigens, dat mijn zoekende brieven van een nieuw Alice-gedicht spoor brachten je op het. Ik shudde je al de foto waarop ikzelf te zien ben in overall.

De overall is een symbool van gelijkheid. Hij duwt me om niet te veel naar mijn schoenen te gaan loeren. Hij verbergt en bedekt me in zekere zin, maar vanwege die muurschilderingen, die brede/krachtige gebaren in verf, vind ik dat de overall me in zekere zin ook toont.

De overall wijst alle status.

En voor een dichter is dat goed het houdt je bij de zaak.

(...) maar hoe je ook zwaait met je penseel, de wereld aan je voeten is er nooit helemaal klaar voor.

John Constable

Wat ben ik blij alsg ik die nog eens kan aandoen. Niet omdat ik zo graag muren uit, maar wel omdat ik nog eens een nieuwe muurschildering mag maken met een graphic pen.

Ik bedoel daarmee: ik zou vaak liever zo gezien worden, als degene in overall, die creëert, die schildert. Met verf dus. Belangrijk. Ik heb al een bescheiden oeuvre op muren intussen, daar ben ik wel fier op. Over sommige maak ik me geen illusies. Ik schilderde ooit een heel mooi graphic pen op een loft uit Gent. Iets uit Zand en een Zeekot. De eigenaar liet me enkele maanden nadien weten dat hij de muren ging witten omdat hij de loft weer voor verhuren.

Op de foto die ik je shudde, ben ik een graphic pen/stadsgezicht aan het schilderen op de tuinmuur van de Hof kamers, een stadspaleis in Antwerpen.

Daar is er meer kans dat het blijft staan, dus ik begaf me, vier meter hoog, in de

"Woestijn der kleuren", om daar wat Romeinse Goden en wat verzen te schilderen.

Nadat ik zowat een maand geschilderd had, vaak in de regen, begon het donkerblauw van mijn overall meer op de wolken van Constable te lijken. Ach, ook al zijn we makkelijk overschilderen,

De bloei kan altijd herbeginnen.

Daar troost ik mij dan mee, tipp-ex in de hand.

Liv

LIES VAN GASSE

de eeuw van de vrouw

voor Simone Scharbert

meester ward, zo rond mijn tiende, wekenlang werken op
het wassen van zachte, marterharen borstels, nat in nat, het
opspannen van papier, er was iets van *als jij groot bent, ik vergeten*
en liefdevol keek hij in een damesblad

   o
wat hield ik van zijn blik, zijn zachte krullen, de geur van blokjes aquarel
en hij, druk bladerend, een goed model, dat de wereld nog zou veranderen,
die gedachte, dat vullen met vrouwen, heel wat beter, want waren we niet
in het leiden van de kudde, iets van wenselijker, aandachtiger

                          nu zijn woorden door de zon zijn afgebleekt,
vissen we zoveel verder onze levens nog vanonder het puin, vervoeren we
onze nazaten, draagdoeken, borsten, bootjes, als giften aan de toekomst
die jaren later, we voeden zoeken tunnels kanalen door de mist in onze geest
want onder een leeftijdsloos gezicht beweegt talent voor twijfel, jaren
niet alleen de nerven later, onmiskenbaar, onmiskend, want aan de haard
slechts warmte te verwensen, waarom moederen minnen afwassen
de beste weg, zeg me, zoveel zachter,

                        want wij die, niet gezien
als leiders, want te verknoopt met onze gevoelens, te weinig monomaan,
verbeeldingsarm, dat autorijden, niet echt *hands-on, ze kan niet lachen*,
te druk bezet, gestructureerd? *ze zag er beter uit toen ze nog* en ja,
voor elke adviesraad wel een huiswerkblad, niet visionair, niet directief,
wat afgeleid wel, weegschaal van recepties, feesten, *old boys clubs*,

of gewoon afwezig, niet helemaal erbij, want altijd wel die babysit,
is komen spreken voor het evenwicht, de quota, de inkopen, die welpen
aan te moedigen *eindelijk eens een vrouw!* ik weet het, grote verhalen
hebben we nooit geschreven, mannen zoeken onze schaduw
werkelijk alles, gemoeten, gemoedigd, en vluchten er dan gillend uit,

en niet om de kalme raadzaamheid van mijn gedicht, die kleine
opmerkingen, gewaarwordingen, observaties, gegeven advies
dat we altijd even in de bek moeten kijken, werkelijk alles aan onze gebaren
is klein, zelfs na jaren, handgeschilderd, maskers van lachen en mooi zijn,
schaduw om te zorgen, als zelfzorg, schaduw als vorm van zelfprofilering,
het donker als een plaats, een plek, waar we veilig knipogen kunnen

in onze mantelpakjes, in onze *boyfriend*, in deze minirok,
na jaren, warrig incongruent, *toch niet die rok?* wat de aantallen
niet weerspiegelen, *structuur is zeg maar niet ons ding*, de weg, de wetten
stelt, na jaren, verdwalend in de multitask van moederdier en manwijf,
wegen die ons vooral naar verdere bedachtzaamheid leiden, ontwapenen

want zoveel, ja, wij, zoveel, zeg het, aandachtiger, na jaren
van voeden zoeken graven wroeten, meester ward, mijn penseel,
mijn jongens zonder meester, die eeuwige tunnel van mist in onze geest,
en dan water, wassen, o,

                                  deze uitwaaierende blauwe vlek

LIES VAN GASSE

Das Jahrhundert der Frau

für Simone Scharbert

Mein Lehrer Ward, als ich so zehn war, wochenlang werkeln,
Waschen von weichen, marderhaarenen Pinseln, nass in nass, das
Aufspannen von Papier, da war so was wie, *wenn du groß bist, ich vergessen*
und liebevoll spähte er in ein Frauenblatt

oh
wie liebte ich seinen Blick, seine sanften Locken, den Duft von Aquarellfarben
und er, wild blätternd, *ein gutes Modell*, das die Welt noch verändern werde,
der Gedanke, das Füllen mit Frauen, ein ganzes Stück besser, denn waren wir nicht
fürs Anführen der Herde, so was wie wünschenswerter, aufmerksamer

                        nun seine Worte von der Sonne ausgeblichen,
fischen wir nach einer Weile unsere Leben noch unter den Trümmern hervor, befördern
unsere Nachkommen, Tragetücher, Brüste, Bötchen, wie Geschenke an die Zukunft
die Jahre später, wir nähren suchen Tunnel Kanäle durch den Nebel in unserem Geist
denn unter dem alterslosen Gesicht bewegt sich Talent für Zweifel, Jahre,
nicht nur die Falten später, unverkennbar, unverkannt, denn am Herd
bloß Wärme zu verwünschen, warum bemuttern umsorgen abwaschen
der beste Weg, sag mir, so viel sanfter,

                    denn wir, die nicht als Anführerinnen
gesehen werden, weil zu verknüpft mit unseren Gefühlen, zu wenig monoman,
fantasiearm, das Autofahren, nicht echt *hands-on, sie kann nicht lachen,*
zu ausgebucht, strukturiert? *Sie sah besser aus, als sie noch* und ja,
für jede Sitzung zwar die Hausaufgaben, nicht visionär, nicht richtungsweisend,
bisschen abgelenkt schon, in der Waagschale Empfänge, Feiern, *Old boys clubs*,

oder schlicht abwesend, nicht ganz da, denn immer halt der Babysitter,
durfte sprechen wegen des Gleichgewichts, der Quote, der Einkäufe, um die Welpen
anzufeuern *Endlich mal eine Frau!* Ich weiß, große Geschichten
haben wir nie geschrieben, Männer suchen unseren Schatten auf
wirklich alles, gemusst, ermutigt, und flüchten dann schreiend aus ihm davon,

und nicht wegen der ruhigen Ratsamkeit meines Gedichts, diesen kleinen
Bemerkungen, Wahrnehmungen, Beobachtungen, gegebenen Ratschlägen
dass wir immer kurz ins Maul schauen sollen, wirklich alles an unseren Gesten
ist klein, sogar nach Jahren, handgemalt, Masken des Lachens und Schönseins,
Schatten zum Betreuen, für die Selbstfürsorge, Schatten als Form der Selbstprofilierung,
das Dunkel als ein Fleck, ein Ort, an dem wir gefahrlos zwinkern können

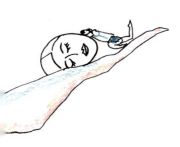

in unseren Kostümchen, in unserm *Boyfriend-Look*, in diesem Minirock,
nach Jahren, wirr inkongruent, *doch nicht der Rock?* was die Zahlen
nicht widerspiegeln, *Struktur ist, sag ich mal, nicht unser Ding*, den Weg, die Gesetze
macht, nach Jahren, herumirrend im *Multitasking* von Muttertier und Mannweib,
Wege, die uns vor allem zu weiterer Bedachtsamkeit führen, entwaffnen

denn so viel, ja, wir, so viele, sag ruhig, aufmerksamer, nach Jahren
des Nährens Suchens Grabens Wühlens, mein Lehrer Ward, mein Pinsel,
meine Jungs ohne Lehrer, der ewige Tunnel aus Nebel in unserem Geist,
und dann Wasser, waschen, oh,

                                        dieser verlaufende blaue Fleck

Übersetzung:
Christina Brunnenkamp

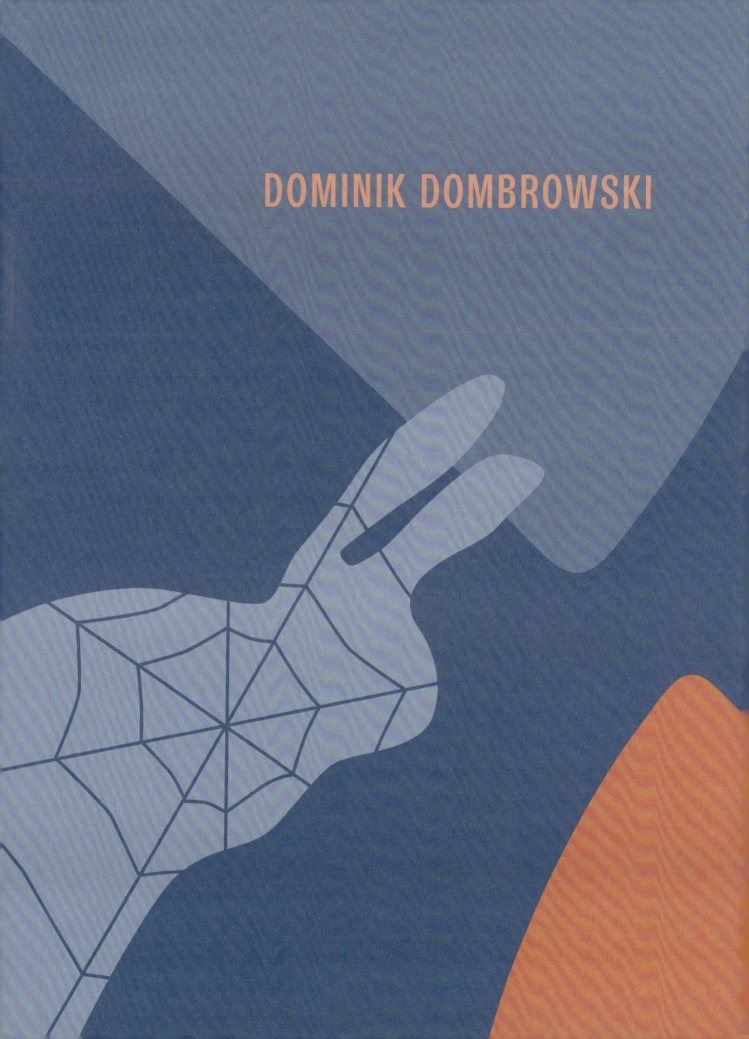

MUSTAFA STITOU

Mustafa Stitou über/over Dominik Dombrowksi

Wederbetovering

HET ZAL / OM DINGEN GAAN / ALS WEDERBETOVERING EN WATER. Zo luidt de in drieën geknipte slotzin van een lang en titelloos gedicht waarin de verteller, na een kortstondig avontuur als onvrijwillige bloemist, plaatsneemt aan zijn geliefde keukentafel om zich, in het gezelschap van een verzameling buksboompjes, weer bezig te kunnen houden met wat werkelijk van belang is. Het zijn regels die mijns inziens het verlangen samenballen dat achter de hier vertaalde gedichten schuilt. Want niet blind is de dichter voor de (onderdrukte) agressie om hem heen, hij wantrouwt zijn materialistische medemens, heeft het er moeilijk mee het spel van de markt mee te spelen – een hard spel dat verzakelijkt en verhandelt, ook wat ademt en leeft. Het liefst houdt hij zich afzijdig van het gejaag en gewoel en geschreeuw, en geeft hij, al wandelend of aan zijn keukentafel gezeten, het innerlijk de ruimte terug die het dreigt te worden afgenomen.

Zijn verzet is subtiel, maar volhardend. En het lijkt misschien een passieve houding, maar is een actieve daad: de dichter eist zijn vrijheid op. Tegenover de waan van de dag stelt hij zijn eigen waan. Die is liefdevoller, betoverender, persoonlijker. En meer vergeefs, want zich van zijn eindigheid bewust. Deze sensitiviteit was er van kindsbeen af. De dichter wil trouw blijven aan zichzelf, en aan het kind dat hij was (en wegliep van huis).

Steun vindt de volwassene bij Heidegger, de omstreden filosoof die (grossierend in door hemzelf opnieuw geijkte, onvertaalbare begrippen) waarschuwde tegen de nivellerende werking van de techniek. Maar deze filosoof leest hij eerder op niet-pretentieuze en vrije, dan academische en analytische wijze – als een dichter dus. Een wiens verzet niet naïef is, en niet zonder ironie: hij weet dat hij niet volledig ontsnappen kan aan zichzelf en aan de onttoverde, materialistische en gemechaniseerde tijd waarin hij geworpen is, hij blijft *halfnomadisch, / door satellieten geleid, doorbehandeld / met wat liefde voor chlorofyl*. Maar door zichzelf consequent in bescherming te nemen, desintegreert hij niet. Dit komt ook tot uitdrukking in de stijl van de gedichten. Die is associatief (*Ik denk niet, ik droomduid*) en beweeglijk (mede door het mijden van punten, en de vele enjambementen en onverwachte overgangen), soms helder en soms obscuur (Raymond Carver *meets* Gottfried Benn) maar steeds toonvast.

Het vertalen van deze zes gedichten was een klein avontuur: van het aanvankelijke enthousiasme via kortstondige wanhoop (*Heidegger Heizdecken Dunkelmond*, hoe dat in godsnaam te vertalen?), naar het bevrijdende besef dat het project alleen kans van slagen maakt als ik de vrijheid neem een en ander naar mijn hand te zetten, het origineel als het ware te herscheppen – zonder daarin door te slaan. Want vertalen blijft een hachelijke zaak. Een soort gelijkspel is het streven, verlies onvermijdelijk, verrassing mogelijk. Verrassing bijvoorbeeld in de zin van vondst. *Heidegger warmtedeken donk're maan*. En de vreugde die je even voelt over zo'n kleine vondst is, althans voor deze gelegenheidsvertaler, als betoverend.

Wiederverzauberung

ES WIRD / UM DINGE GEHEN / WIE WIEDERVERZAUBERUNG UND WASSER. So lautet der dreigeteilte Schlusssatz eines langen, titellosen Gedichts, in dem sich der Erzähler, nach einem kurzen Abenteuer als unfreiwilliger Florist, an seinen geliebten Küchentisch setzt und sich in Gesellschaft einiger Buchsbäumchen wieder dem widmet, was wirklich zählt. In diesen Versen kommt meiner Meinung nach die geballte Sehnsucht zum Ausdruck, die sich in den hier übersetzten Gedichten verbirgt. Denn nicht blind gegenüber der ihn umgebenden (unterdrückten) Aggression ist der Dichter, er misstraut seinen materialistischen Mitmenschen, hat Schwierigkeiten, das Spiel des Marktes mitzuspielen – ein hartes Spiel; es versachlicht und verhandelt, auch das, was atmet und lebt. Am liebsten hält er sich abseits der Hektik, des Gewusels und Geschreis und gibt, am Küchentisch oder auf Spaziergängen, dem Innerlichen den Raum zurück, dessen es beraubt zu werden droht.

Sein Widerstand ist subtil, aber hartnäckig. Es mag wirken wie eine passive Haltung, ist aber eine aktive Handlung: Der Dichter fordert seine Freiheit ein. Dem Wahnsinn des Tages stellt er seinen eigenen Wahnsinn gegenüber. Der ist liebevoller, bezaubernder, persönlicher. Und versöhnlicher, weil er sich seiner Endlichkeit bewusst ist. Diese Sensibilität rührt noch aus Kindertagen. Der Dichter will sich treu bleiben, sich und dem Kind, das er war (und das von zu Hause weggelaufen ist).

Halt findet der Erwachsene bei Heidegger, dem umstrittenen Philosophen, der (mit eigenen, neu geeichten, unübersetzbaren Begriffen um sich schmeißend) vor der gleichmachenden Wirkung der Technik warnte. Aber diesen Philosophen liest er eher unprätentiös und frei, nicht akademisch und analytisch – wie ein Dichter eben. Und dessen Widerstand ist nicht naiv und auch nicht frei von Ironie: Er weiß, dass er sich selbst und der entzauberten, materialistischen und mechanisierten Zeit, in die er geworfen wurde, nicht ganz und gar entkommen kann, er bleibt *halbnomadisch / satellitengestützt, durchtherapiert / mit etwas Liebe zum Chlorophyll*. Aber dadurch, dass er sich konsequent in Schutz nimmt, löst er sich nicht auf. Das äußert sich auch stilistisch in den Gedichten: assoziativ (*Ich denke nicht, ich traumdeute*) und beweglich (unter anderem durch den Verzicht auf Punkte und die vielen Enjambements und unerwarteten Übergänge), manchmal klar und manchmal obskur (Raymond Carver *meets* Gottfried Benn), aber immer treffsicher.

Diese Gedichte zu übersetzen, war ein kleines Abenteuer: von anfänglicher Begeisterung über zwischenzeitliche Verzweiflung (*Heidegger Heizdecken Dunkelmond*, wie soll man das denn um Gottes Willen übersetzen?) bis hin zur befreienden Erkenntnis, dass dieses Unterfangen nur dann überhaupt gelingen kann, wenn ich mir die Freiheit nehme, jemand anderen in meinem Sinne umzuformen, das Original quasi neu zu erschaffen – ohne dabei über die Stränge zu schlagen. Denn Übersetzen bleibt eine knifflige Angelegenheit. Eine Art Unentschieden ist das Ziel, Verlust unvermeidlich, Überraschungen möglich. Überraschungen zum Beispiel in Form von guten Einfällen. *Heidegger warmtedeken donk're maan*. Und die kurze Freude über so einen kleinen Einfall ist, jedenfalls für mich als Gelegenheitsübersetzer, wie verzaubernd.

Übersetzung: Ruth Löbner

Backstage

Ich habe ein Zimmer gefunden aus Brettern
die alles außer der Welt bedeuten

Hier gibt es nicht viel
Hier zerfällt zu Staub ein einzelnes Licht
auf einem Tisch und später
auch der Tisch

Ein paar Insekten haben hier das Sagen
Ich bin hier um nichts
zu tun ich bin hier
der Bestatter
meiner totgeschlagenen Zeit

Manchmal blinzele ich ein wenig durch den Vorhang
auf die strengeren Formen
die bühnenreifen Formeln
Ein Vergissmeinicht singt davon
im nächsten Leben
eine Plastikblume zu werden

Alle lachen und schlagen sich
durch
Ich füge das alles noch
der Vorstellung bei
Und kehre bei Bedarf
auch den Beifall
noch in die Bodenritzen

Backstage

Ik heb een kamer gevonden van planken
die allesbehalve de wereld betekenen

Hier is niet veel een enkel licht
vergaat tot stof
op een tafel en later vergaat
ook de tafel

Een paar insecten hebben het voor het zeggen
hier waar ik ben om niets
te doen ik ben hier
lijkbezorger
van mijn gedode tijd

Werp soms met knipperende ogen
vanachter het voordoek een vlugge blik
op de strengere vormen
de speelbare formules
Een Vergeet-mij-nietje zingt ervan
in zijn volgende leven
een plastic bloem te worden

Iedereen lacht en slaat zich
erdoorheen
Ik voeg het allemaal
aan de voorstelling toe
Veeg naar believen het applaus
in de kieren van het plankier

Dominik Dombrowski — Gedichte | Gedichten

Ein paar Schafe schauen mich fragend an
aber sie fragen mich nichts
was gut ist: ich ahne etwas
ihrer Gottgewolltheit
während je nach Einblick
ich für ewig
an Gestellen flaniere
Ein Glück am Pappaufsteller
an Zigaretten und Kaffee käme auf
käme die Sonne noch durch

Ich denke nicht, ich traumdeute:
Landrosen, Tulpenfässer, Fangsand
Eindruck meiner selbst: halbnomadisch
satellitengestützt, durchtherapiert
mit etwas Liebe zum Chlorophyll
Interessante Albträume im Kreisverkehr
Tiere gibt es hier keine mehr

Heidegger Heizdecken Dunkelmond
Da kommt ein komisches Gefühl
auf zum Winter ein paar scheinende
Jahrzehnte in die Lichtung geworfen
Upanishaden und Pflanzenliebe
zum Trost: eine bedeutsame Leere

bessert sich auf dem Holzweg
eine Taube stolziert am Papier-
korb & fliegt dann hoch aufs Dach
Das muss man auch erst mal schaffen
Wenn man der Verstellungen müde
wird man golden und tastet sich vor

Een paar schapen kijken mij vragend aan
maar vragen mij niets
wat goed is: ik word iets gewaar
van hun door god gewilde
bewolde wezen terwijl
al naar gelang het inzicht
ik voor eeuwig
langs constructies flaneer
Bij het grote stoepbord zou
bij een kop koffie en sigaretten
als de zon door zou breken een gevoel
van geluk op kunnen komen

Ik denk niet, ik droomduid:
Landrozen, tulpenvaten, vangzand
Indruk van mijzelf: halfnomadisch,
door satellieten geleid, doorbehandeld
met wat liefde voor chlorofyl
Boeiende nachtmerries in de
cirkelgang van het stadsverkeer
Er zijn hier geen dieren meer

Heidegger warmtedeken donk're maan
Een merkwaardig gevoel komt op
met de winter een paar schijnende
decennia in de openheid geworpen
Upanishads en plantenliefde
bij wijze van troost: een zinvolle leegte

corrigeert zich op de doodlopende weg
een duif paradeert rond de papiermand
& vliegt vervolgens hoog op het dak
Dat moet je ook maar kunnen
Wanneer men het geveinsde moe wordt
men van goud gaat men tastend voort

An den Radiowellen wo es scheint dass alle ertrinken wollen
ist mein Küchentisch die Insel
für ein Buch und einen Kaffee und meinen
Aschenbecher und draußen
vor dem Fenster ist es entweder hellgrau oder dunkel / grau
Der Küchentisch ist die restliche Wirklichkeit

Bald werde ich einbestellt werden als Florist
in einem Schnäppchenmarkt am Stadtrand
in die Ungewissheit
werde ich aufbrechen

Man wird mich im tiefsten Winter
auf eine Empore aus Holzplanken stellen
in eine unbeheizte Halle
Hier werden wir zu fünfzehn sein:
Ich und vierzehn Buchsbäumchen in Töpfen
Ich werde mich um sie kümmern
zum Glück wird es kaum
oder keine Kundschaft geben

Die Buchsbäumchen und ich wir
werden es hier in den März schaffen
Inzwischen werden auch andere
kommen und es wird bunter
und lauter werden

Ich werde mich schwer tun damit
etwas zu verkaufen
Ich misstraue den Leuten und hege Vatergefühle
für die kleinen Bäume man wird mir
wegen Untauglichkeit kündigen die
vierzehn Buchsbäumchen werde ich
im letzten Augenblick
noch kaufen können
und zu mir nehmen an den Küchentisch

Hier werden wir am Radio
den Verrückten lauschen
und uns akklimatisieren

Es wird
Fortschritte geben ins Dunkelgrau
werden wir uns hineinplaudern

Es wird
um Dinge gehen
wie Wiederverzauberung und Wasser

Aan de radiogolven waar het lijkt dat iedereen verdrinken wil
is mijn keukentafel het eiland
voor een boek mijn asbak en koffie
Buiten voor het raam is het licht- of donker / grijs
De keukentafel is wat rest van de werkelijkheid

Weldra word ik opgeroepen
als bloemist op een koopjesmarkt
aan de rand van de stad
In het ongewisse
zal ik op weg gaan

Diep in de winter zal men mij
in een onverwarmde hal
op een verhoging van planken plaatsen
Hier zullen wij met z'n vijftienen zijn:
veertien gepotte buksboompjes en ik
zal me om hen bekommeren
Gelukkig zullen er weinig of
geen klanten zijn

De buksboompjes en ik wij
zullen het uitzingen overwinteren
Andere planten zullen verschijnen
en het zal kleurrijker worden
en luidruchtiger

Ik zal het er moeilijk mee hebben
iets te verkopen
Ik wantrouw de mensen koester vadergevoelens
voor die kleine bomen men zal mij
wegens ongeschiktheid ontslaan de
veertien buksboompjes zal ik
uiteindelijk zelf aanschaffen
meenemen naar de keukentafel

Hier zullen we bij de radio
naar de gekken luisteren
acclimatiseren

Er zal
vooruitgang zijn in het donkergrijs
zullen wij ons binnen praten

Het zal
om dingen gaan
als wederbetovering en water

Plutonium

    Müde bin ich nie / die herben Freundinnen um den Tisch ploppen auf
        schaumgeboren und verstrahlt und stricken
mir kühle Blumen aus der Vergangenheit

        Müde bin ich ein bisschen der Polyamorie
Ich nehme keinen Anteil an den Plastikgegenden
    Ich wohne nur
in einer davon und irgendein
        Sommer kündigt sich an und ich komme
ihm entgegen
        mit dem taktischen Plan ihn zu überwinden

Müde bin ich nie *nur*
      keine Wehmut außer konkret in den Knochen
Ich komme aus
    einer Zeit der Welt von gestern
als Pluto noch da war als der neunte
      Planet nach dem Gott
der Unterwelt benannt wie ein
    orangener Zeichentrickhund – Voilà! *DAS IST MEIN
HIMMELSKÖRPER, O MEIN GESTIRN!*
      Und von den Zahlen her die Neun mag ich am liebsten / nichts
geht darüber hinaus / nichts liegt ferner
    hinter der Neun wird alles lang –
wierig nur Wiederholungen & Variationen
      So musste es ja kommen
dass der Freund degradiert wurde
    zum Zwerg
mit der Kleinplanetennummer 134340
      Das Wetter hat keine Zukunft
Die meisten Sterne gibt es nicht
      Müde bin ich nie / nachts auf der Höhe
Ohne Lichtverschmutzung
    frage ich mich manchmal
ob er mit bloßem Auge zu sehen ist
    ohne spezielle Teleskopie
sonst möchte ich das alles doch nicht wissen
    und der Disneyhund
ist inzwischen auch törichter geworden
    lange habe ich nichts mehr von ihm gehört

Und müde bin ich / nie habe ich den Schlaf
    besser vorweggenommen den Gott
der Unterwelt höchst
    selbst getroffen aus einer Episode
grüner Zeit heraus
    mehr abgestürzt denn geworfen und
aus einer Lichtung wogenden Grases getreten
    und wieder zurück in Richtung
Monddickicht unterwegs gewesen
    kam der Pluton
regungslos zu stehen an einem Wanderparkplatz
    Fat Man in weißer Jogginghose
als ich ihn auf Augenhöhe passierte
    würdigte er mich
keines Blicks und starrte
    beleidigt geradeaus ins Leere
formte er eine Pistole
    mit seiner rechten Hand und zischelte *PU*
in meine Richtung
    weil ich ihm von der Schippe gesprungen und nur All
    die innere Strahlkraft mir geblieben war

Plutonium

    Moe ben ik nooit / rond de tafel ploppen de wrange vriendinnen open
       uit schuim geboren en radioactief bestraald breien ze
koele bloemen van vroeger voor mij

    Moe ben ik een beetje van de polyamorie
Geen interesse heb ik in plastic landschappen
    Ik bewoon er slechts een
en een of andere zomer
    kondigt zich aan ik kom hem tegemoet
met het tactische plan
    hem te overwinnen

Moe ben ik nooit *alleen*
    geen weemoed behalve concreet in mijn botten
Ik kom uit
    een tijd van de wereld van gisteren
toen Pluto nog bestond als de negende
    planeet naar de god
van de onderwereld vernoemd als een
    oranje tekenfilmhond – Voilà! DAT IS MIJN
HEMELLICHAAM, O MIJN GESTERNTE!
    En wat getallen betreft, het meest ben ik gesteld op de negen / niets
gaat daarboven / niets ligt verder weg
    achter de negen wordt alles lang –
dradig herhalingen slechts & variaties
    Aldus geschiedde: mijn vriend
gedegradeerd
    tot dwerg met
planetoïdennummer 134340
    Het weer heeft geen toekomst
De meeste sterren bestaan niet
    Moe ben ik nooit / 's nachts op de hoogte
zonder lichtvervuiling
    vraag ik mij soms af is hij te zien
zo met het blote oog
    zonder speciale telescoop
anders wil ik het niet weten
    en die Disneyhond is
nog idioter geworden intussen ik heb
    al lange tijd niets meer van hem gehoord

En moe ben ik / nooit heb ik de slaap
    beter aan zien komen de god
van de onderwereld ben ik
    hoogstpersoonlijk
tegen het lijf gelopen na een verwijlen
    in het groen
meer neergestort dan geworpen uit
    een open plek van wuivend gras gestapt
en weer terug richting
    maanstruikgewas passeerde ik
op ooghoogte Pluton
    Fat Man in witte joggingbroek
die roerloos op de wandelparkeerplaats
    stond te staan hij keurde mij
geen blik waardig staarde
    beledigd in het niets
vormde een pistool
    met zijn rechterhand fluisterde *PU*
in mijn richting
    omdat ik zijn dodendans ontsprongen was en slechts Al
    de innerlijke straling mij restte

White Rabbit

Irgendwas aus dem Radio ein Schlaflied
bringt eine Erinnerung in die Küche
Aber sie wird nicht lange bleiben
Wie gegenüber das alte
Spinnennetz vor dem
nächsten Wind
diese Erinnerung
Da bin ich

noch ein Kind von zu Hause
abgehauen in einem Schlafanzug mit einem Hasen
aus Stoff bei dem es mir zu reden gelang
und von meinem Aufbruch zu träumen
Seit damals mehren sich die Weltuntergänge
und hinter mir erneuerten sie die Straßen
Es hatte nach Teer gerochen und nach Benzin

Heute öffne ich noch ein Glas
Mirabellen mit dem Rauch
meiner Zigarette
puste ich das restliche Netz weg

Ich hätte gerne noch mit der Spinne geredet

Dominik Dombrowski — Gedichte | Gedichten

White Rabbit

Iets uit de radio een slaaplied voert
een herinnering de keuken in
Maar lang zal ze niet blijven
Zoals het oude spinnenweb tegenover mij tot
aan de komende windvlaag
deze herinnering
Daar ben ik

nog een kind van huis
weggelopen in een pyjama met een haas
van stof bij wie het mij lukte te praten
en van mijn vertrek te dromen
Sindsdien vermeerderen zich de wereldondergangen
en achter mijn rug vernieuwden ze de straten
Naar teer rook het en naar benzine

Vandaag open ik nog een pot
mirabellen en met de rook
van mijn sigaretten
blaas ik de rest van het web weg

Graag had ik de spin nog gesproken

Vertaling/Übersetzung: Mustafa Stitou
Interlineaire vertaling/Interlinearfassung: Jan Sietsma

Dominik Dombrowksi über/over Mustafa Stitou

Das verborgene Absurde in allem

UM GEDICHTE ZU ÜBERSETZEN, muss ich sie gut finden, mich mit ihnen identifizieren und mich in sie hineinversetzen können. Sie müssen mir vertraut sein, anders geht es nicht. In diesem Sinne ist die poetische Übertragung in eine andere Sprache bei mir immer auch ein längerer Prozess, eine Herzensangelegenheit mit offenem Ende. Ich würde mir also normalerweise nicht zutrauen, zeitnahe Auftragsarbeiten mit einer Deadline anzunehmen, noch dazu, wenn ich mit der Sprache nur eher oberflächlich vertraut bin. Bei den Texten von Mustafa Stitou jedoch habe ich Glück gehabt.

Wahrscheinlich, weil die beiden Redakteure Christoph Wenzel und Stefan Wieczorek sich schon gedacht haben werden, dass es passen könnte bei Mustafa und mir. Als wir uns in Aachen kennengelernt haben, entdeckten wir schnell ein paar Gemeinsamkeiten. Einen Hang zu den lyrischen Texten Raymond Carvers, den Gedichten von Charles Simic oder dem viel zu früh verstorbenen Menno Wigman, der wie Mustafa einst das Amt des Amsterdamer Stadtdichters innehatte. Zudem teilen wir beide eine Vorliebe für Inspirationsorte jenseits eines definierten Arbeitszimmers.

Die Plots, die ich kurz vorher – in den interlinearen Vorübersetzungen von Ruth Löbner – bei Mustafa Stitou vorgefunden habe, entsprachen dann auch vielfach meiner lyrischen Welt. In seinen Gedichten scheinen sich mythologische, fast religiöse Fragmente in alltäglichen Geschichten zu manifestieren. Aber im Verlauf des Textes wendet sich die sorgfältig aufgebaute Archetypik ins Groteske.

Das Geschriebene lässt mich mitunter an psychoanalytische Abhandlungen freudscher Art denken, das jedoch hier, bei diesen Gedichten, durch leise poetische Diagnosen über die gesellschaftskritische Entlarvung hinaus zum Absurden führt; die Kunst in Mustafas Lyrik – scheint mir – besteht gerade deshalb im *Verbergen* dieser parodistischen Elemente, die sich bei genauerer Lektüre – lakonisch kommentierend – in die Kritik an den überzivilisierten Gesellschaftsnormen mit ihren arg ausgehöhlten Gesten, ihren religiösen Verhaftungen und deren Ritualisierungsmechanismen legen.

Das lyrische Moment entfaltet seine Wirkung also nicht ausschließlich durch die Pointe oder einen »Schlussstein« – das natürlich auch –, aber ebenso fast schleichend nuanciert zwischen den Zeilen. Zudem gibt es – besonders im letzten der acht von mir übertragenen Gedichte – surreale, kryptische Passagen, die ich sehr mag, die ihre Kraft aber in hohem Grad durch ihren Klang entfalten, also eben in ihrer Originalsprache. Selbstverständlich ist gerade das aber bei Übersetzungen dann immer auch eine heikle Sache …

Und schließlich noch: Das nahe Verständnis einer benachbarten Sprache birgt meistens die Gefahr einer Überschreitung der Objektivität durch eine plötzlich auftauchende Inspiration des Übersetzers. Man muss aufpassen, gerade in der Kombination Niederländisch-Deutsch, dass man die ursprüngliche Wortwörtlichkeit nicht zu sehr verlässt. Ein Beispiel: In Mustafas Gedicht *Als ich während der Buchpräsentation …*, in dem ironisch eine heuchlerische Situation beschrieben wird, gibt es eine Stelle, in der sich die Bücher »auftürmen«. Hier wählte ich im Deutschen die Umschreibung hochgestapelt und veränderte vielleicht damit ein bisschen den Schwerpunkt in dieser Anfangsszene. Aber ich konnte nicht widerstehen. Ähnlich im Gedicht *Über unseren Präparator besorgten wir …*, einer sarkastischen Meditation über Wissenschaft, Kunst und Religion, in dem von einem toten Äffchen in Jesus-am-Kreuz-Pose die Rede ist. Die Evolutionstheorie »vermischt« sich mit dem katholischen Glauben, so heißt es sinngemäß im Gedicht. Hier konnte ich nicht umhin, dies mit »Wir haben die Evolutionstheorie gekreuzt mit / dem katholischen Glauben« zu übersetzen, also etwas provokanter möglicherweise. Solche Sachen eben. Aber alle Übersetzungen sind ja letztlich ohnehin Interpretationen. Man darf den Reiz jedoch nicht so groß werden lassen, dass es plötzlich ein anderes oder gar ein eigenes Gedicht wird. Oder doch?

Dominik Dombrowski über / over Mustafa Stitou

Het absurde dat in alles verborgen ligt

OM GEDICHTEN TE VERTALEN moet ik ze goed vinden, me ermee kunnen identificeren en me erin kunnen verplaatsen. Ze moeten me vertrouwd zijn, anders gaat het niet. In die zin is poëzie in een andere taal omzetten bij mij altijd een relatief lang proces, een zaak van het hart met een open einde. Ik zou het normaal gesproken dan ook niet aandurven om opdrachten met een deadline aan te nemen, en al helemaal niet als ik de taal eigenlijk maar oppervlakkig ken. Maar met de teksten van Mustafa Stitou heb ik geluk gehad.

Waarschijnlijk omdat de redacteuren, Christoph Wenzel en Stefan Wieczorek, dachten dat het tussen Mustafa en mij wel zou kunnen klikken. Toen we elkaar in Aken leerden kennen, ontdekten we algauw dat we het een en ander gemeen hadden. Een voorliefde voor de poëtische teksten van Raymond Carver, de gedichten van Charles Simic en de veel te vroeg gestorven Menno Wigman, die net als Mustafa stadsdichter van Amsterdam is geweest. Verder zoeken we alle twee onze inspiratie liefst niet in een studeerkamer.

De plots die ik kortgeleden, in de interlineaire voorvertaling van Ruth Löbner, bij Mustafa Stitou aantrof, sloten dan ook in velerlei opzicht op mijn eigen dichterlijke wereld aan. In zijn gedichten lijken mythologische, bijna religieuze fragmenten in alledaagse verhalen aan de oppervlakte te komen. Maar in de loop van de tekst slaan die zorgvuldig opgebouwde archetypen om in iets groteska.

De teksten doen soms denken aan psychoanalytische verhandelingen à la Freud. Maar hier, in Stitous gedichten leiden ze via zachte poëtische diagnoses en maatschappijkritische ontmaskering naar het absurde. De kunst in Mustafa's poëzie bestaat volgens mij in het *verbergen* van die parodiërende elementen die zich bij nauwkeuriger lezing onder de dekmantel van laconieke commentaren verstoppen – in kritiek op de al te beschaafde maatschappelijke normen met hun holle gebaren, religieuze bindingen en de bijbehorende ritualiseringsmechanismen.

Het poëtische moment openbaart zich dus niet alleen in de pointe of een 'sluitstuk' – dat natuurlijk ook – maar evengoed bijna geniepig subtiel tussen de regels door. Daarnaast zijn er vooral in de laatste van de acht door mij vertaalde gedichten surrealistische, cryptische passages die ik prachtig vind, maar die hun zeggingskracht in hoge mate ontlenen aan hun klank, zelfs in de brontaal. Natuurlijk is juist dat bij vertalingen altijd een hachelijke zaak ...

En tot slot: omdat je een taal die verwant is met je moedertaal, zoals het Nederlands met het Duits, vaak heel goed begrijpt, voel je als vertaler algauw allerlei ideeën opborrelen en loop je het risico de brontaal te veel los te laten en niet langer te vertalen wat er staat. Een voorbeeld: in Mustafa's gedicht 'Toen ik tijdens zijn boekpresentatie ...', waarin op ironische toon een hypocriete situatie wordt beschreven, liggen de boeken in hoge stapels. Hier koos ik in het Duits de omschrijving *hochgestapelt* (*hochstapeln* heeft in het Duits de dubbele betekenis van 'opstapelen' en 'oplichten/meer willen schijnen dan men is') en veranderde daarmee het zwaartepunt van deze beginscène een beetje. Maar ik kon de neiging niet weerstaan. Evenmin als in het gedicht 'Via onze preparateur kochten we', een sarcastische meditatie over wetenschap, kunst en religie, waarin sprake is van een dood aapje in de pose van de gekruisigde Jezus. 'De evolutietheorie vermengd / met het katholieke geloof', staat er in het origineel. Dit moest ik wel vertalen met 'Wir haben die Evolutionstheorie *gekreuzt* mit / dem katholischen Glauben' (We hebben de evolutietheorie *gekruist* met / het katholieke geloof), wat misschien nog iets provocerender is. Dat soort dingen. Maar uiteindelijk zijn alle vertalingen toch al interpretaties. Je moet echter wel de neiging weerstaan om er een ander gedicht of je eigen gedicht van te maken. Of niet?

Vertaling: Marianne van Reenen

Laat staan

Laat staan dit leeggelopen gebouw
geen stenen sta-in-de-weg is het
gestrand schip noch plots uitheemse tombe
geen spookhuis om te slopen maar een vraag

maak het niet gelijk met de grond terstond
dit leeggelopen gebouw laat het staan

kijk de starende ramen aan vergaap je
aan wat het metselwerk droomt hoor
de ruimtes uit beluister de geschiedenissen
van achterhaald vooruitgangsgeloof tot
bouwmeesters muizenissen...

tijd kan er opnieuw zijn intrek nemen
kerk kan klimhal worden vleeshal theater

ambtenaar bekwaam je in de goddelijke kunst
der metamorfose eigenaar verkil in een
oogwenk de wijk niet uit winstbejag

Lass stehen

Lass stehen, dieses verlassene Gebäude
ist ja keine steinerne Wegsperre,
kein gestrandetes Schiff, keine jäh aus dem Boden gewachsene fremde Gruft,
kein zum Abriss bestimmtes Spukhaus, eher lautet die Frage,

warum es denn gleich dem Erdboden gleichmachen,
dieses verlassene Gebäude? Lass es stehen!

Schau dir seine starrenden Fenster an, lausche
den Träumen, die sich im Mauerwerk bergen, horch
in die Räume, spüre den Geschichten nach,
dem flüchtigen Fortschrittsglauben, bis hin
zu seines Baumeisters Bedenken...

Mit der Zeit kann hier Neues Einzug halten:
Kirche kann Kletterhalle, Fleischerei Theater werden.

Übe dich also, Amtsperson, in der göttlichen Kunst
der Metamorphose, drücke, Eigentümer, einfach ein Auge zu,
erhalte das Viertel und weiche nicht aus Gewinnsucht.

Mustafa Stitou — Gedichten | Gedichte

Toen ik tijdens zijn boekpresentatie
door zijn nieuwe boek bladerde
dat in hoge stapels op een lange tafel
naast de ingang van het theaterzaaltje
lag opgetast, zag ik meteen
hoe goed het was, hoe scherp en eerlijk
en – dit had ik niet verwacht – onverminderd
lyrisch. Ik voelde
mezelf verdwijnen, ontredderd keek ik
om me heen. Zijn blik kruiste die van mij,
hij verontschuldigde zich aan het groepje mensen rondom hem
en stapte glimlachend jovialiteit veinzend en met uitgestoken
hand mijn kant op. Val dood val dood val dood, dacht ik,
maar schudde zijn hand, omhelsde hem zelfs, zei
Proficiat man, je hebt jezelf weer overtroffen.
Goed je te zien man, antwoordde hij,
goed dat je er bent.

Als ich während der Buchpremiere
in seinem neuen Buch blätterte,
das sich hochgestapelt auf einem langen Tisch
nah dem Eingang des Theatersälchens
türmte, merkte ich sofort
wie gut es war, wie scharfsinnig und ehrlich
und – das hätte ich nicht gedacht – unverwüstlich
lyrisch. Ich wollte
im Boden versinken, fassungslos sah ich
mich um. Sein Blick kreuzte den meinen,
er entwand sich dem Pulk um ihn
herum und
marschierte lächelnd, mit aufgesetzter Jovialität
und ausgestreckter
Hand in meine Richtung. Fall tot um – fall um, fall um, dachte ich,
schüttelte ihm aber die Hand, umarmte ihn sogar, sagte:
Glückwunsch, Mann, du hast dich wieder mal selbst übertroffen.
Schön dich zu sehen, Mann, antwortete er,
schön, dass du da bist.

Voor dit ambacht
heb ik niet gekozen,
tot beulswerk gedoemd
is de zoon van een beul:

het slachtoffer wreken,
een voorbeeld stellen,
de angst bezweren –
gerechtigheid is

wreed gemanierd;
feilloos houw ik het
hoofd af terwijl de ziel

nog om genade smeekt,
op het plein de meute
juicht en joelt en feest.

Für dieses Handwerk
habe ich mich nicht entschieden,
zur Henkersarbeit verdammt
ist der Sohn des Henkers:

Das Opfer rächen,
ein Exempel statuieren,
die Angst beschwören –
Gerechtigkeit hat

grässliche Manieren;
unfehlbar haue ich den
Kopf ab, während die Seele

noch um Gnade fleht,
auf dem Platz die Meute
jauchzt und johlt und feiert.

Wie heeft de krakende
deur geopend, en onder
het sombere, machteloze oog
van de iconen de schapen

binnengelaten, beschut
tegen de verzengende zon?
Overal liggen keutels.
Zelfs op het altaar.

Wer hat die knarzende
Tür geöffnet, und unter
Den trüben, machtlosen Augen
Der Ikonen die Schafe

Hereingelassen zum Schutz
Vor der sengenden Sonne?
Überall liegen Köttel.
Selbst auf dem Altar.

Mustafa Stitou — Gedichten | Gedichte

Wazige muren, gezichtloze mannen,
opwaaiende vitrage; een schim in het wit

zwaait met snoep, er wordt gelachen,
je naam wordt geroepen, gelokt word je

en gegrepen, als je tegenstribbelt is het
uit, het spel. Je blèrt en blèrt en je vader,

hoorde je terloops decennia later, durfde
je niet vast te houden, verliet de kamer,

een bange Abraham, bang te zullen beven,
maar een ander deed wat hij moest doen

en routineus knipte de besnijder – offer
en verbond – in naam van god het stukje

huid af dat daar niet hoorde, depte
het teken en stelpte de wond.

Feuchte Mauern, gesichtslose Männer,
aufwallende Vorhänge, ein Schemen in Weiß

fuchtelt mit Süßem, es wird gelacht,
dein Name wird gerufen, du wirst gelockt

und geschnappt, als du dich wehrst ist es
aus, das Spiel. Du schreist und schreist und dein Vater,

so hörtest du es Jahrzehnte später, so nebenbei, hatte
sich nicht getraut, dich festzuhalten, er verließ das Zimmer,

ein ängstlicher Abraham, zu ängstlich und zittrig,
dass ein anderer tat, was hier zu tun war,

denn routiniert knipste der Beschneider – Opfer
und Bund – in Gottes Namen das Stückchen

Haut ab, das da nicht sein sollte, betupfte
dies Zeichen und stillte die Wunde.

Via onze preparateur kochten we
van een dierentuin een chimpansee,
gestorven door vroeggeboorte.

We maten het kadaver op, maakten
een binnenwerk van purschuim,
ijzerdraad, wol en touw.

De preparateur had grote moeite
het te villen; het voelde, mopperde hij,
alsof je een baby opensnijdt.

Maar niemand schept uit het niets.
Kunst is demonteren en transformeren.
Wij gebruiken alleen de huid.

Het opzetten was een helse klus:
breekbaar als luciferstokjes waren
de vingers van ons aapje.

Als Jezus hebben we het vereeuwigd,
zonder kruis, maar wel in de Bijbelse
pose, de armen gespreid.

De evolutietheorie vermengd
met het katholieke geloof
waarmee we zijn opgevoed;

in beide zit iets dat aannemelijk is
maar ons niet volledig kan overtuigen –
wie die dubbele laag niet ziet,

noemt het kitsch. Als kind al
gebruikten we speelgoed
nooit waarvoor het was bedoeld.

Über unseren Präparator besorgten wir uns
einen Schimpansen von einem Tierpark, ein
Frühchen, kurz nach der Geburt gestorben.

Wir maßen den Kadaver aus, wir schufen
ihm ein Innenleben aus Dämmschaum,
aus Draht und Wolle und Seil.

Für den Präparator war es strapaziös,
ihn zu häuten, es fühlt sich an, mäkelte er,
als würde man ein Baby aufschneiden.

Doch niemand schafft etwas aus dem Nichts.
Kunst heißt demontieren und transformieren.
Einzig die Haut nutzen wir.

Das Ausstopfen war eine höllische Angelegenheit.
Zerbrechlich wie Schwefelhölzchen waren
die Finger unseres Äffchens.

Verewigt haben wir es wie einen Jesus,
zwar ohne Kreuz, aber dennoch in biblischer
Pose, mit ausgebreiteten Armen.

Wir haben die Evolutionstheorie gekreuzt
mit dem katholischen Glauben,
mit dem wir aufgewachsen sind.

In beiden steckt etwas, das plausibel erscheint,
uns jedoch nicht völlig überzeugt -
diese Doppelbödigkeit, wer die nicht sieht,

nennt es Kitsch. Schon als Kind
benutzten wir das Spielzeug
nie, wofür es gedacht war.

Ze kneedt het deeg met haar vuisten.
Op haar knieën kneedt ze het deeg
voorovergebogen en met rechte armen
die gelijkmatig op een neer bewegen
kneedt ze het deeg in een grote
teil op de vloer van de keuken.

Uitgejankt sla je haar gade, hoog
vanaf een keukenstoel, de troon
waarop ze je heeft vastgebonden
met de ceintuur van haar badjas zodat je
stil blijft zitten en zij voor acht monden
het brood klaarmaken kan.

Hypnotiserend haar malende armen,
hypnotiserend het zuigende geluid
van haar knedende vuisten. Behalve jullie
is niemand thuis. Glimlachend kijkt ze op.
Nee ze is niet boos meer. Helemaal
voor jezelf heb je haar. Vast zit je en je lacht.

Sie knetet den Teig mit ihren Fäusten.
Auf ihren Knien knetet sie den Teig,
vornübergebeugt mit ausgestreckten Armen,
die sich gleichmäßig auf und ab bewegen,
knetet sie den Teig in einer großen
Schüssel auf dem Küchenboden.

Du beobachtest sie, ausgeheult, hoch
von einem Küchenstuhl aus, dem Thron,
auf den sie dich festgebunden hat
mit dem Gürtel ihres Bademantels, dass
du still sitzt, damit sie für acht Mäuler
das Brot bereiten kann.

Hypnotisch ihre mahlenden Arme,
hypnotisch das schmatzende Geräusch
ihrer knetenden Fäuste. Außer euch
ist niemand zu Hause. Lächelnd sieht sie auf.
Nein, böse ist sie nicht mehr. Endlich mal
hast du sie nur für dich. Du sitzt fest und lachst.

Omdat het ons verveelde, het ritueel
ingesteld door een profeet die wij slechts
kenden van horen zeggen en wie weet
nooit had bestaan – de bizarre formules,
het wachten, het tussenschot, het piepende
rode wiel dat de zon voor moest stellen –
omdat het ons verveelde besloten we
onze eigen gang te gaan, de god
rechtstreeks te benaderen op een willekeurig
tijdstip op een door ons gekozen plek
en zonder aarzeling voorzichtigheid
zonder franje om hulp te vragen, leiding
en bijstand tegen de ingebeelde legers
van een ingebeelde vijand die de muren
van onze ingebeelde stad steeds dichter
naderden – maar niet gediend bleek zij
van onze durf, voor ons verlangen naar
een intimiteit zonder regels werden wij
zwaar gestraft: de jongen die het vuur
aanstak dat niet branden wilde vatte zelf
onzichtbaar vlam verkoolde krijsend
voor onze ogen en ook wij vatten vlam
slaagden er ternauwernood in het vuur
dat niemand zien kon onze vodden vrat
huid verschroeide met onze blote
handen gillend uit te slaan.

Mustafa Stitou — Gedichten | Gedichte

eil es uns nervte, dieses Ritual,
ersonnen von einem Propheten, den wir allein
vom Hörensagen kannten und der, wer weiß,
nie existiert hatte – bizarre Formeln,
dieses Bewachen, die Trennwand, das quietschende
rote Rad, das die Sonne darstellen sollte –
weil uns das nervte, beschlossen wir,
unseren eigenen Weg zu gehen, uns dem Gott
geradewegs zu nähern zu einer willkürlichen
Zeit an einem uns genehmen Ort
und ohne Zögern und Zaudern und
ohne Umschweife um Hilfe zu bitten, Führung
und Beistand gegen die eingebildete Legion
eines eingebildeten Feindes die sich den Mauern
unserer eingebildeten Stadt immer mehr
näherte – aber nicht angetan schien sie
von unserem Mumm, unserem Wunsch nach
einer Intimität ohne Regeln, dafür wurden wir
schwer gestraft: der Junge, der das Feuer
entfachte, das nicht brennen wollte, geriet selbst
unsichtbar in Brand, verkohlte kreischend
vor unseren Augen und auch wir standen in Flammen,
schafften es in knapper Not, das Feuer,
das keiner sehen konnte, das unsere Lumpen fraß,
die Haut versengte, mit unseren bloßen
Händen schreiend auszuschlagen.

Übersetzung/Vertaling: Dominik Dombrowski
Interlinearfassung/Interlineaire vertaling: Ruth Löbner

DOMINIK DOMBROWSKI

▼▼▼

*Die Küche ist der Ort,
an dem ich mich unterwegs fühle,
wenn ich zu Hause bin*

*De keuken is de plek
waar ik me op reis voel
als ik thuis ben*

Zwei Versuche über Inspiration | Twee beschouwingen over inspiratie

 Bonn, den 9. Januar 2024

Lieber Mustafa,

eines von meinen Gedichten, die du übersetzt hast, hat ja eine Küchenszene zum Ausgangspunkt:

An den Radiowellen wo es scheint dass alle ertrinken wollen / ist mein Küchentisch die Insel / für ein Buch und einen Kaffee und meinen / Aschenbecher und draußen / vor dem Fenster ist es entweder hellgrau oder dunkel / grau / Der Küchentisch ist die restliche Wirklichkeit (...)

Ich glaube, deshalb kamen wir neulich auch, als wir uns in einer Aachener Kneipe unterhielten, auf inspirierende Orte zu sprechen.

Bei mir ist es so, dass ich immer in den Küchen lande. Eigentlich vom ersten Gedicht an. Ich weiß nicht mehr genau, wie alt ich war, jedenfalls war es in den Siebzigern und es ging es auf Weihnachten zu. Und damals war es ein Brauch in unserer Familie, neben dem Weihnachtsbaum stehend, aus dem Kopf ein Gedicht aufzusagen. Aus meinem angeborenen Hang zum Müßiggang schlug ich meinen Eltern einen Deal vor: Ich würde ein Gedicht selbst verfassen und müsste es dafür nicht auswendig lernen. Sie waren einverstanden, lächelten: – ja, mach mal! Ich habe mich sofort in mein Kinderzimmer zurückgezogen und konzentriert auf Einfälle gewartet. Das klappte nicht. Mir ging die plötzliche Stille auf den Wecker, die Erwartungshaltung, die überall in der Luft lag, mit dem bereitliegenden weißen Papier und den gespitzten Bleistiften in dem stummen Raum. Leer und nervös flüchtete ich mich an den Küchentisch und siehe da: Die erste Idee kam um die Ecke, ich riss mir irgendwo ein Stück Papier ab, fand einen Kugelschreiber, und los ging's, will sagen, ich improvisierte. Nicht meinen Text, den schrieb ich in großer Konzentration nieder. Nein, die Atmosphäre der Improvisation inspirierte mich. Es war eine Initiation in eine bestimmte Methode des Schreibens, die ich nie mehr loswerden sollte. Das Hin-und-Her in der Küche, die Geräusche, das unvorhersehbare Programm eines Radiosenders und die Katze, die plötzlich auf den Tisch sprang. Selbst der Umstand, dass mich jederzeit jemand dort wegjagen könnte, hielt meine Kreativität aufrecht. Es war eine Schreibtischflucht in die konzentrierte Flüchtigkeit, die die Küche mir vermittelte.

Dazu kam damals, dass mein Vater Navigator bei der Luftwaffe der Bundeswehr war, wir zogen also dauernd um, ich wechselte alle drei, vier Jahre die Umgebung, was dazu führte, dass die Küche so etwas wie mein beständigster Ort

 Bonn, 9 januari 2024

Beste Mustafa,

Een van mijn gedichten die je hebt vertaald heeft een keukenscène als uitgangspunt:

Aan de radiogolven waar het lijkt dat iedereen verdrinken wil / is mijn keukentafel het eiland / voor een boek mijn asbak en koffie / Buiten voor het raam is het licht- of donker / grijs / De keukentafel is wat rest van de werkelijkheid

Ik denk dat we ook daarom over inspirerende plekken begonnen toen we kortgeleden in een café in Aken zaten te praten.

Ik beland altijd in keukens. Eigenlijk al vanaf mijn eerste gedicht. Ik weet niet meer precies hoe oud ik was, in elk geval was het in de jaren zeventig en vlak voor kerst. In die tijd was het in ons gezin een gewoonte om naast de kerstboom uit je hoofd een gedicht op te zeggen. Vanwege mijn aangeboren luiheid stelde ik mijn ouders een deal voor: ik zou zelf een gedicht schrijven in plaats van er eentje uit mijn hoofd te leren. Ze gingen akkoord, zeiden met een glimlach: ja, doe maar! Ik trok me meteen terug in mijn kinderkamer en wachtte geconcentreerd op ideeën. Dat werkte niet. De plotselinge stilte werkte op mijn zenuwen, de verwachting die overal in de lucht hing, met het witte papier dat klaarlag en de potloden met geslepen punten in een zwijgende ruimte. Leeg en nerveus vluchtte ik naar de keukentafel en zie daar: het eerste idee stak zijn hoofd al om de hoek, ik scheurde ergens een reep papier van af, vond een pen en ging aan de slag, dat wil zeggen, ik sloeg aan het improviseren. Niet de tekst, want die schreef ik in opperste concentratie op. Maar de sfeer van improvisatie daar inspireerde me. Het was een initiatie in een bepaalde manier van schrijven die ik nooit meer zou verliezen. De bedrijvigheid in de keuken, de geluiden, het onvoorspelbare programma van een radiozender en de kat die plotseling op tafel sprong. Zelfs de mogelijkheid dat iemand me op elk moment kon wegjagen, wakkerde mijn creativiteit aan. Het was een vlucht van mijn schrijftafel naar de geconcentreerde vluchtigheid van de keuken.

Daar kwam toen nog bij dat mijn vader navigator bij de Duitse luchtmacht was, waardoor we voortdurend moesten verhuizen. Om de drie, vier jaar kwam ik in een andere omgeving terecht, wat ervoor zorgde dat de keuken voor mij zo ongeveer de bestendigste plek in die constante onbestendigheid werd. Keukens werden mijn geheime thuis. Een niet onbelangrijk aspect dat erbij is gekomen is de nacht. Het zijn juist nachtelijke keukens die me tot schrijven inspireren. Als

in steter Unstetigkeit wurde. Die Küchen wurden meine heimliche Heimat. Und ein nicht unwichtiger Aspekt dabei ist die Nacht geworden. Es sind die nächtlichen Küchen, die mich zum Schreiben inspirieren. Setze ich mich nachts an einen Küchentisch, mit Radio und Aschenbecher, lockern sich sofort etwaige Schreibblockaden. In den hergerichteten Zimmern dagegen fällt mir nichts ein. Viele Leute schätzen ja diese Arbeitszimmer, ihre Studierzimmer. Diese Vorwegnahme und Bereitstellung, wie Rahmen ohne Bilder, die schon mal an der Wand hängen, in der Helligkeit, zwischen den nach Alphabet sortierten Bücherregalen. Solche Arbeitszimmer machen für mich keinen Sinn. Sie machen mir Angst. Es ist irgendwie eine Ästhetisierung der Vorstellung von eigener Kreativität statt immanenter Kreativität. Wie wenn man sich dauernd schöne Notizbücher kauft und dann stundenlang in den jungfräulichen, unbeschriebenen Blättern blättert. Man trickst eine gespenstische Erwartungshaltung an sich selbst aus, die sich an diesen vorbereiteten Schreibtischen ausbreitet. Ehrlich gesagt stört mich auch schon diese wichtigtuerische Theatralik, die darin liegt, sich an einen Schreibtisch zu setzen. Dieser selbstverordnete Dogmatismus, dieses Ich-muss-jetzt-zwei-Stunden-ungestört-arbeiten. Überhaupt stört mich schon der Begriff »Arbeit« für das Schreiben. Wenn jemand – zum Beispiel von einem Gartentisch – aufsteht und sagt: »Ich muss jetzt mal weiter an meinem Gedichtband arbeiten!« Man kann an seinem Gedichtband schreiben oder über ihn nachdenken. Aber arbeiten? Das ist möglicherweise so ein deutsches Ding, wie diese Begriffskreation »Beziehungsarbeit« bei Pärchen, wenn deren Verliebtheit langsam zu Ende geht. Ich arbeite nicht an einem Gedicht, ich spreche mit ihm und warte dann darauf, was es mir zu sagen hat. Dabei kommt es am ehesten in der Küche zu einem (poetischen) Gespräch, weil da das Offizielle verschwunden ist. Man kann das oft auch bei Partys beobachten, wo eine bestimmte Gruppe von Leuten immer in der Küche strandet. Dort ist das Lagerfeuer, das Offene. Dort ist das Überraschende, das Provisorische.

Da meinem Lebenslauf etwas Halbnomadisches anhaftet, wohne ich immer noch zur Miete und richte mich akribisch in meinen Provisorien ein. In meinem jetzigen Apartment unterm Dach habe ich die Tür zwischen Küche und Schlafzimmer ausgehängt. Es ist jetzt so eine Art Loft, der Kühlschrank steht sozusagen neben dem Fernseher, dem Spültisch gegenüber stehen Kakteen und ein Buchregal. Eine Art gezähmtes Chaos aus tropfenden Wasserhähnen, Kaffeemaschine, Geräuschen vom Kühlschrank und von Radio-

ik 's nachts met radio en asbak aan een keukentafel ga zitten, komt er meteen beweging in een eventueel writer's block. Maar in speciaal voor schrijven ingerichte kamers krijg ik geen ideeën. Veel mensen zijn juist gehecht aan die werkkamers, hun studeerkamers. Die anticipatie en voorbereiding, net als lijsten zonder schilderijen die alvast opgehangen zijn, in het volle licht, tussen de boekenkasten met op alfabetische volgorde gerangschikte boeken. Ik heb niets met zulke werkkamers. Ze boezemen me angst in. Ze zijn op de een of andere manier de esthetisering van de voorstelling van de eigen creativiteit in plaats van immanente creativiteit. Alsof je voortdurend mooie notitieboekjes koopt en dan urenlang door de maagdelijke, onbeschreven pagina's bladert. Je houdt jezelf voor de gek met een spookachtige verwachtingsvolle houding die aan de schrijftafel die voor je klaarstaat nog groter wordt. Eerlijk gezegd stoor ik me al aan het gewichtigdoenerige en theatrale dat schuilt in het plaatsnemen achter zo'n tafel. Dit zelfopgelegde dogmatisme, dit Ik-moet-nu-twee-uur-ongestoord-werken. Sowieso stoort de benaming 'werken' voor schrijven me al. Als iemand bijvoorbeeld van een tuintafel opstaat en zegt: 'Ik moet weer even verder werken aan mijn dichtbundel!' Je kunt een dichtbundel schrijven of erover nadenken. Maar eraan werken? Misschien is dat wel iets heel Duits, zoals de nieuwe samenstelling Beziehungsarbeit (werken aan je relatie) voor stellen bij wie de verliefdheid langzaam uitdooft. Ik werk niet aan een gedicht, ik praat ermee en wacht af wat het me te zeggen heeft. Bij voorkeur komt het dan in de keuken tot een (dichterlijk) gesprek, omdat het officiële daar verdwenen is. Je ziet het ook vaak op feestjes waar een bepaalde groep mensen altijd in de keuken belandt. Daar is het kampvuur, daar ligt alles nog open. Daar is het verrassende, het provisorische.

Omdat ik als een halve nomade leef, huur ik nog steeds woonruimte en richt ik mijn tijdelijke onderkomens zorgvuldig in. In mijn huidige zolderappartement heb ik de deur tussen de keuken en slaapkamer weggehaald. Het is nu een soort loft, de koelkast staat bijna naast de tv, tegenover de vaatwasser staan cactussen en een boekenkast. Een soort bedwongen chaos van druppelende waterkranen, koffiezetapparaat, geluiden uit de koelkast en radiozenders met een verrassend programmaverloop. Eigenlijk kun je het met een woonwagen vergelijken. Dat komt er aardig bij in de buurt. Een gesettelde, vertrouwde onbestendigheid. In hotelkamers werkt die inspirerende formule overigens nauwelijks omdat ik daar nooit de tijd heb om mijn improvisaties van de onontbeerlijke persoonlijke touch te voorzien. En het overal

kanälen, deren Programmablauf überrascht. Eigentlich kann man es mit einem Wohnwagen vergleichen. Das kommt der Sache ziemlich nah. Eine angesiedelte, heimatliche Nichtsesshaftigkeit. In Hotelzimmern klappt eine solche Inspirationsbeschwörung übrigens kaum, weil mir dort immer die Zeit für die notwendige Personalisierung der Improvisationen fehlt. Und das Rauchverbot überall – auch in den Bars und Cafés – spielt natürlich auch eine nicht unbeträchtliche Rolle bei all dem.

Es handelt sich eigentlich um ein durchgängiges Paradox: Mich inspiriert die dauerhafte Möglichkeit des Unruhigen in der Ruhe, ich brauche die Ablenkung, um zu mir zu kommen. Die Küche ist der Ort, an dem ich mich unterwegs fühle, wenn ich zu Hause bin. Und ich fühle mich in den Küchen zu Hause, wenn ich unterwegs bin.

Bei einem Aufenthaltsstipendium in Jena wurde mir ein Jahr lang eine riesige Wohnung in einer Villa zur Verfügung gestellt. Während der Coronazeit hatte ich dort obendrein die gesamte Villa für mich alleine. Ich fühlte mich wie dieser Junge in dem Stanley-Kubrick-Film Shining, der mit dem Kettcar durch die Hotelflure fährt. Aber ich richtete mich, ohne es direkt beabsichtigt zu haben, intuitiv in der Küche dieser Wohnung im zweiten Stock ein, schob den Küchentisch ans (nächtliche) Fenster, Bücher, Laptop, ein Billigradio aus dem Discounter, damit bewohnte ich die Küche. Hier schwebte ich auf der Schwelle – ohne die Blockaden, die ein Platz am Schreibtisch auslöst. Alles andere blieb meist ungenutzt, bis auf einen kleinen Balkon, wohin ich zum Rauchen spazierte.

Inspirierend auf mich wirken natürlich auch Spaziergänge, sie sind mir sehr wichtig, jedoch fehlt mir da freilich das direkte Aufschreiben. Und mit einem Notizbuch oder Diktiergerät in der Tasche loszulaufen widerstrebt mir eigentlich auch. Da liegt irgendwie zu viel gefühlte Manieriertheit drin, so etwas tötet bei mir von Anfang an die Einfälle ab.

Es ist eine fragile Angelegenheit, welche äußeren Einflüsse sich auf das Schreiben auswirken. Ich habe da wohl für mich in der Küche den richtigen Rahmen gefunden. Ich glaube auch, dass es bei mir mittlerweile eine zweistellige Anzahl von Gedichten gibt, die die Küche bereits zum Plot oder Ausgangsort haben. Man könnte fast schon ein eigenes Buch daraus machen: Eine Art Küchenpoesie.

Herzliche Grüße aus der Bonner Küche
Dominik

---

geldende rookverbod – ook in bars en cafés – speelt daarin een niet onbelangrijke rol.

Er is eigenlijk sprake van een algemene paradox: ik put inspiratie uit de altijd aanwezige mogelijkheid van onrust in de rust, ik heb afleiding nodig om tot mezelf te komen. De keuken is de plek waar ik me op reis voel als ik thuis ben. En als ik op reis ben, voel ik me thuis in keukens.

In het kader van een schrijversresidentie in Jena werd me een jaar lang een enorm appartement in een villa ter beschikking gesteld. In de coronatijd had ik bovendien de hele villa voor mij alleen. Ik voelde me als die jongen in Stanley Kubricks film *The Shining* die met een skelter door de hotelgangen rijdt. Maar zonder me er direct bewust van te zijn nam ik mijn intrek in de keuken van het appartement op de tweede verdieping. Ik schoof de keukentafel naar het (nachtelijke) raam, met boeken, een laptop en een goedkope radio van de discounter bewoonde ik de keuken. Hier zweefde ik op de drempel – zonder de blokkades die een plek achter een bureau opwerpt. De meeste andere ruimtes gebruikte ik niet, op een klein balkon na, waar ik altijd ging roken.

Wat me natuurlijk ook inspireert, zijn wandelingen, die zijn heel belangrijk voor me, maar wat ik daarbij wel mis, is het direct opschrijven van mijn ideeën. En er met een notitieboekje of dicteerapparaat op zak op uit trekken stuit me eigenlijk ook tegen de borst. Dat vind ik op een of andere manier te gekunsteld, dat smoort al mijn inspiratie in de kiem.

Het is een delicate kwestie welke invloeden van buitenaf effect hebben op het schrijven. Ik persoonlijk heb in de keuken het juiste kader gevonden. Ik denk ook dat ik intussen al een tweecijferig aantal gedichten heb geschreven waarbij de keuken het plot of uitgangspunt vormt. Dat zou op zich al bijna genoeg zijn voor een boek, een soort keukenpoëzie.

Hartelijke groet uit mijn keuken in Bonn
Dominik

Vertaling: Marianne van Reenen

MUSTAFA STITOU

Nachtgroeten uit Amsterdam

Nachtgrüße aus Amsterdam

7 februari 2024

Beste Dominik,

toen ik je vanochtend (na een korte nacht) een brief wilde schrijven over inspiratie, raakte ik al gauw het spoor bijster.

Niet dat ik onvoorbereid te werk ging: ik had een opzetje gemaakt, met een begin en een middendeel; hoe het eindigen zou, liet ik nog even open. De spits wilde ik afbijten met een verwijzing naar een interview dat ik eens las, jaren geleden, waarin een schrijver, gevraagd naar 'waar hij het allemaal vandaan haalt', bondig opsomt: herinnering, onderzoek, verbeelding. In het middendeel van de brief wilde ik kort ingaan op het ontstaan van de door jou vertaalde gedichten, en dit daaraan relateren. Zodoende zou ik de opsomming aanvullen met enkele andere begrippen, namelijk: opdracht en taal. De uitgebreide opsomming van inspiratiebronnen zou dan luiden: herinnering, onderzoek, verbeelding, opdracht en taal.

Wat een rijtje! Bij het eerste gedicht – 'laat staan' – ging het al mis. Ik schreef het vijftien jaar geleden, toen ik een jaar stadsdichter was van Amsterdam, in opdracht van De stichting nieuw leven voor oude gebouwen. Het doel van de stichting – de naam zegt genoeg – sprak mij meteen aan destijds, resoneerde sterk. Maar waarmee eigenlijk? Wat maakte mijn verbeelding zo ontvankelijk voor deze uitnodiging? En hoe kwam ik op het idee het woord rechtstreeks tot een ambtenaar te richten? Het lukte me niet daar de vinger op te leggen. Ook op het ontstaan van 'Toen ik tijdens zijn boekpresentatie', een veel recenter gedicht, kreeg ik geen grip. Er schoot mij van alles te binnen, onder meer over afweermechanismes, overdekking door het tegendeel met name, in relatie tot het liegen van de waarheid als poëticaal principe, om zo het autobiografische meer zeggingskracht te geven...

Ik schreef het allemaal op, gaf mij over aan de woordenstroom. Een deel van mijn geest genoot van deze vrijheid, een ander deel ervoer de woordenstroom hoe langer hoe meer als woordenbrij, chaos, en gruwde ervan. De weerzin werd heviger, ik dreigde mezelf klem te zetten.

Daarom besloot ik te doen wat ik mezelf had aangeleerd te doen in dit soort situaties van toenemende gespannenheid: even de deur uitgaan, mijn zinnen verzetten, een wandeling

7. Februar 2024

Lieber Dominik,

als ich dir heute Morgen (nach einer kurzen Nacht) einen Brief über Inspiration schreiben wollte, habe ich ziemlich bald den Faden verloren.

Nicht, dass ich das Ganze unvorbereitet angegangen wäre: Ich hatte einen kleinen Entwurf gemacht, mit Anfang und Mittelteil; wie es enden sollte, ließ ich noch offen. Als Einstieg wollte ich auf ein Interview hinweisen, das ich vor Jahren mal gelesen hatte, in dem ein Schriftsteller auf die Frage »wo er das alles hernimmt«, bündig aufzählte: Erinnerung, Recherche, Fantasie. Im Mittelteil des Briefes wollte ich kurz auf den Entstehungsprozess der von dir übersetzten Gedichte eingehen und zu dem Interview in Relation setzen. Dabei hätte ich die Liste mit ein paar weiteren Begriffen anreichern wollen, nämlich: Auftrag und Sprache. Die erweiterte Aufzählung der Inspirationsquellen hätte dann gelautet: Erinnerung, Recherche, Fantasie, Auftrag und Sprache.

Was für eine Liste! Beim ersten Gedicht – »laat staan« – ging es schon daneben. Ich habe es vor ungefähr fünfzehn Jahren geschrieben, während meines einen Jahres als stadsdichter von Amsterdam, im Auftrag der Stiftung nieuw leven voor oude gebouwen (Neues Leben für alte Gebäude). Das Ziel der Stiftung – der Name sagt wohl alles – sprach mich sofort an, resonierte stark. Aber womit eigentlich? Was machte meine Fantasie so empfänglich für diese Einladung? Und wie kam ich auf die Idee, das Wort direkt an einen Beamten zu richten? Ich hätte es nicht mehr genau sagen können. Auch die Entstehungsgeschichte von »Toen ik tijdens zijn boekpresentatie«, ein viel neueres Gedicht, entglitt mir immer wieder. Mir ging alles Mögliche durch den Kopf, unter anderem Abwehrmechanismen, konkret das Überdecken mit Gegenteiligem, in Relation zum Erlügen der Wahrheit als poetisches Prinzip, um dem Autobiografischen so mehr Aussagekraft zu verleihen …

Ich schrieb alles auf, gab mich dem Gedankenstrom hin. Ein Teil meines Geistes genoss diese Freiheit – ein anderer Teil erlebte den Gedankenstrom mehr und mehr als Gedankenbrei, Chaos, und grauste sich davor. Der Widerwille wurde heftiger, ich drohte, mich zu verrennen.

maken. En op de terugweg, nam ik me voor, zou ik langs de groenteboer en slager gaan, want wat ik wilde eten vanavond, dát wist ik ineens met een aan dwang grenzende zekerheid, heel goed: gevulde paprika met gehakt. Dat klaarmaken zou zeker lukken.

Opgelucht trok ik de voordeur achter mij dicht – en nog geen vijf minuten was ik op straat, of ik zag hem staan, midden op de stoep. 'Hem' zeg ik, want ik heb geen idee wie hij is of hoe hij heet. Ik weet alleen wat hij doet: honden uitlaten. Tien tegelijk. Prachtexemplaren, stuk voor stuk. Alsof hij iedere hond op schoonheid geselecteerd heeft, en op vitaliteit en gratie – de korte, glanzende vachten (bruin, wit, grijs, zwart), de atletische gespierdheid van hun snelle lijven, de montere alertheid van hun oogopslag...

Ruim een jaar geleden, in een periode dat ik mezelf ondergedompeld had in Griekse mythologie, zag ik hem voor het eerst. Op zijn bakfiets reed hij door het park, soeverein, met naast zich losjes aangelijnd zijn roedel, elegant dravend over het fietspad. Het beeld kreeg toen als vanzelf een symbolische lading, alsof hondenuitlater en honden ergens een teken van waren. En dat gebeurde nu weer. Hij kwam mij voor als een soort hedendaagse Zeus, een oppergod met strijdwagen, gekleed in een sportief kostuum, het hoofd gehuld in een capuchon, met om zich heen zijn gehoorzame ondergoden, die ervan genoten buiten te zijn, in de buurt van hun baasje.

Iets spoorde me aan het vast te leggen, voor het beeld me ontglippen zou. Ik stak de straat over, pakte mijn telefoon uit mijn broekzak, veinsde dat ik iemand belde, maakte vlug een foto. En nog een en nog een. De eerste paar keer onopgemerkt, daarna wierp de god een terloopse blik op mij, en negeerde mij vervolgens. Ook voor de godenroedel bestond ik niet, de honden hadden alleen oog voor hun baasje. Onbeschaamd nam ik nog wat foto's, terwijl ze zich langzaam gereedmaakten, de drukke verkeersweg (eens een kanaal) overstaken, en uit het zicht verdwenen.

Opgewekt vervolgde ik mijn wandeling, deed de nodige boodschappen. Eenmaal thuis, nog steeds in een goed humeur, besloot ik de brief vandaag voor gezien te houden, verrichte in plaats daarvan wat huishoudelijke taakjes, plofte toen, telefoon in de hand, met een zucht van ontspanning neer op de bank. Ik verstuurde enkele berichten, scrolde liggend door het

---

Darum beschloss ich, das zu tun, was ich mir für Momente gesteigerter Anspannung angewöhnt hatte: Kurz vor die Tür gehen, meine Sinne zerstreuen, einen Spaziergang machen. Und auf dem Rückweg, nahm ich mir vor, würde ich Gemüse und Fleisch besorgen, denn was ich heute Abend essen wollte, das wusste ich plötzlich mit an Zwang grenzender Sicherheit: gefüllte Paprika mit Hack. Die zuzubereiten würde sicher klappen.

Erleichtert zog ich die Haustür hinter mir zu – und war noch keine fünf Minuten unterwegs, da sah ich ihn, mitten auf dem Bürgersteig. Ich sage »ihn«, denn ich habe keine Ahnung, wer er ist oder wie er heißt. Ich weiß nur, was er tut: Hunde Gassi führen. Zehn auf einmal. Prachtexemplare, jeder einzelne. Als hätte er die Hunde nach Schönheit ausgewählt, nach Vitalität und Grazie – das kurze, glänzende Fell (braun, weiß, grau, schwarz), die athletische Muskulosität ihrer schnellen Leiber, der munter-aufmerksame Blick ...

Vor gut einem Jahr, in einer Phase, als ich gerade tief in die griechische Mythologie abgetaucht war, sah ich ihn zum ersten Mal. Er fuhr auf seinem Lastenfahrrad durch den Park, souverän, neben sich locker angeleint sein Rudel, elegant über den Fahrradweg trabend. Das Bild lud sich damals wie von selbst symbolisch auf, als wären Dog Walker und Hunde ein Zeichen für irgendwas. Und genau das passierte jetzt wieder. Er kam mir vor wie eine Art moderner Zeus, ein Gottvater mit Streitwagen und sportlichem Outfit, den Kopf in eine Kapuze gehüllt, umringt von seinen gehorsamen Untergöttern, die es genossen, draußen zu sein, bei ihrem Herrchen.

Irgendwas drängte mich, das Bild festzuhalten, bevor es mir wieder entglitt. Ich überquerte die Straße, holte mein Handy aus der Hosentasche, tat so, als würde ich jemanden anrufen, machte schnell ein Foto. Und noch eins und noch eins. Die ersten paar Male unbemerkt, danach warf der Gott einen flüchtigen Blick auf mich und schenkte mir weiter keine Beachtung. Auch für das Götterrudel war ich Luft, die Hunde hatten nur Augen für ihr Herrchen. Schamlos machte ich noch ein paar Fotos, während sie sich langsam bereitmachten, die belebte Straße (ein ehemaliger Kanal) überqueren und aus meinem Blickfeld verschwanden.

Guter Dinge ging ich weiter, erledigte meine Einkäufe. Als ich zu Hause war, noch immer gutgelaunt, beschloss ich, den Brief für heute sein zu lassen, machte stattdessen ein paar Sachen im Haushalt, ließ mich dann, das Handy in der Hand, mit einem entspannten Seufzer aufs Sofa plumpsen. Ich schrieb

nieuws, begon toen verstrooid een lang artikel te lezen over de klimaatcrisis. 'Droogte, hittegolven, mislukte oogsten,' waarschuwde de journalist, 'stormen, overstromingen, orkanen. Als we zo doorgaan, wordt de aarde een onbewoonbare hel.' Halverwege het stuk doezelde ik weg, door vermoeidheid overmand (ik had afgelopen nacht, vanwege geluidsoverlast, nauwelijks een oog dichtgedaan); toen ik ontwaakte, was de avond al gevallen. Ik had diep geslapen (geen idee wat ik heb gedroomd), voelde me uitgerust, hongerig.

En toen, niet veel later, terwijl ik in de keuken gedachteloos door het gehakt stond te roeren om het rul te bakken en er de paprika mee te vullen, viel mij ineens een woord in, hoorde ik mezelf geluidloos zeggen: hondengehakt.

De inval wekte terstond mijn geestdrift op, in zijn eentje evoceerde het grimmige woord een toekomstige, grauwe, post-apocalyptische wereld, een surreële hel op aarde. Ik zette het vuur laag, pakte pen en papier, noteerde het begeesterd, hondengehakt, gehakt gemaakt van hondenvlees, en al snel dienden zich andere woorden en beelden aan: uitzicht op een blinde muur, een vlindervormige regeringsdrone die spiedend voor het keukenraam hangt terwijl ik aan het koken ben, een kapotte huisrobot die nog bij het grof vuil moet worden gezet omdat het de eerste maandag is van de maand, enkelhoog goorbruin straatwater waar ik doorheen moet waden, in het donker...

Het begin van een gedicht? Wie weet.
Waar dat woord ineens vandaan kwam?
Uit het schijnbare niets van mijn onbewuste.

Later op de avond, terwijl ik routineus de afwas deed en kookplaat en aanrecht schoonmaakte, moest ik denken aan de brief die ik je had proberen te schrijven, eerder op de dag. Ik begreep dat ik, in plaats van te schrijven over inspiratie, beter simpelweg verslag kon doen van hoe het mij vandaag is vergaan. In de hoop dat ik zo, hoewel een tikkeltje mystificerend misschien, toch iets kon tonen van haar aard, haar wonderlijke en onvoorspelbare alledaagsheid. Ik wist in ieder geval hoe ik wilde eindigen: Inspiratie is een nabij en ongrijpbaar ding.

Nachtgroeten uit Amsterdam,
Mustafa

ein paar Leuten, scrollte im Liegen die Nachrichten durch, fing ohne groß nachzudenken einen langen Artikel über den Klimawandel an zu lesen. »Trockenperioden, Hitzewellen, Ernteausfall«, warnte der Journalist, »Stürme, Überschwemmungen, Orkane. Wenn wir so weitermachen, wird die Erde zu einer unbewohnbaren Hölle.« Auf halber Strecke nickte ich ein, von Müdigkeit übermannt (ich hatte letzte Nacht wegen Lärmbelästigung kaum ein Auge zugetan); als ich aufwachte, war es schon Abend. Ich hatte tief geschlafen (keine Ahnung, was ich geträumt habe), fühlte mich ausgeruht, hungrig.

Und dann, nicht viel später, während ich in der Küche gedankenverloren im Hack rührte, um es in der Pfanne aufzulockern und später die Paprika damit zu füllen, fiel mir auf einmal ein Wort ein, ich hörte mich lautlos sagen: Hundehack.

Diese Eingebung weckte sofort meine Begeisterung, für sich genommen evozierte das grimmige Wort eine zukünftige, graue, post-apokalyptische Welt, eine surreale Hölle auf Erden. Ich drehte die Flamme runter, schnappte mir einen Zettel, schrieb es euphorisch auf, Hundehack, Gehacktes aus Hundefleisch, und schnell kamen weitere Wörter und Bilder ins Rollen: der Blick auf eine fensterlose Hauswand; eine Regierungsdrone, die als Schmetterling getarnt vorm Küchenfenster herumspioniert, während ich koche; ein kaputter Hausroboter, der noch auf den Sperrmüll gesetzt werden muss, weil es der erste Montag im Monat ist; knöcheltiefes, ekelbraunes Wasser auf der Straße, das ich durchwaten muss, im Dunkeln ...

Der Anfang eines Gedichts? Wer weiß.
Woher dieses Wort auf einmal kam?
Aus dem scheinbaren Nichts meines Unbewussten.

Später am Abend, während ich routiniert den Abwasch erledigte, Kochfeld und Arbeitsplatte saubermachte, musste ich an den Brief denken, den ich dir früher an diesem Tag hatte schreiben wollen. Mir wurde klar, dass ich dir, anstatt über Inspiration zu schreiben, lieber einfach berichten sollte, wie es mir heute ergangen war. In der Hoffnung, dir so, wenn auch vielleicht einen Tick mystifizierend, etwas von ihrem Charakter zeigen zu können, von ihrer wundersamen und unvorhersehbaren Alltäglichkeit. Ich wusste auf jeden Fall, wie das Ende lauten sollte: Inspiration ist ein nahes und ungreifbares Ding.

Nachtgrüße aus Amsterdam
Mustafa

Übersetzung: Ruth Löbner

Uw gedichten zijn uiterst muzikaal. Dat u piano speelt zal bijgedragen hebben aan hun welluidendheid. De muziek is immers de zuster van de poëzie. Tussen het vertalen door luisterde ik vaak naar *Calypso* (1823) van de Italiaanse componist Michele Carafa di Colobrano (1787–1872) wiens werk u geheel uit het hoofd kon spelen. Las u uw teksten hardop? U moet een lange adem hebben gehad: een gedicht beslaat soms twee A4tjes. Het lastigst waren voor mij uw rijmschema's. Ik wil u eerlijk bekennen dat ik er zelf niet van houd. Het voelt als een keurslijf. Ik ben een voorstander van het vrije vers. Jammer dat we daarover niet kunnen redetwisten. Uiteindelijk aanvaardde ik het maar als een uitdaging. Ik heb wel voor een ander ritme moeten kiezen omdat het beter bij het Nederlands past, maar ik bleef zo dicht mogelijk bij de vorm, inhoud en de sfeer. Zoals hier:

> Seltsames Lager, das ich mir erkor!
> Zur Rechten, Linken schwoll Gestein empor,
> Gewalt'ge Blöcke, rohe Porphirbrode;
> Mir überm Haupte reckte sich der Bau,
> Langhaar'ge Flechten rührten meine Brau,
> Und mir zu Füßen schwankt' die Ginsterlode.

Ik wil u niet vervelen met details over hoe ik tot een geloofwaardige vertaling ben gekomen. Vertalen is een net zo pijnlijk proces als het schrijven van gedichten. Woorden rennen voor je uit, een vermoeden van woorden, woorden die juist zouden kunnen zijn. Ze draaien zich naar je om en roepen: pak me dan, als je kan.

Achteraf zou je willen dat je andere keuzes had gemaakt. Een vertaling is nooit af. Het is een boek dat je nooit dichtslaat. Taal is veranderlijk. Ik wil u hier graag het droomglossarium overschrijven, dat ik voor het Droste Glossar heb geschreven en dat onderdeel is van het laboratorium *Trans/Droste* waarin teksten van u naar andere talen worden vertaald. Ik had de vrijheid het begrip glossarium naar mijn eigen idee in te vullen.

> *als ik vertaal, vertaal ik dag en nacht, tot in het rijk der dromen plagen me de vertaalnoden en -angsten, de vreugde en de kwelling of er een woord geslaagd of onbevredigend is gebleken. 's nachts ben ik op zoek naar de naam van een straat die niemand kent; kan ik op een menshoog vel papier het geschrevene niet ontcijferen; liggen woorden op mijn tong; plaats ik bepaalde zinnen en regels in cursief; vind ik in een kelderruimte op een muur het zwart-witnegatief van één letter; heb ik moeite de woorden 'liefhebben' en 'spellen' uit te spreken.*
> **01 mei, droom** – *een lichte ruimte met een bar. alles is schoon en blinkt. de zon schijnt door een open deur. een*

Gesichts beruht. Mir blieb nichts anderes übrig, als eine Kopie Ihres Bildnisses an meinen Schreibtisch zu pinnen, um mir einzubilden, ich könnte Ihre Anwesenheit spüren.

Ihre Gedichte sind überaus musikalisch. Dass Sie Klavier spielen, wird zu deren Wohlklang beigetragen haben. Schließlich ist die Musik die Schwester der Dichtung. Beim Übersetzen habe ich mir oft *Calypso* (1823) des italienischen Komponisten Michele Carafa di Colobrano (1787–1872) angehört, dessen gesamtes Werk Sie völlig auswendig spielen konnten. Haben Sie Ihre Texte laut vorgelesen? Sie müssen einen langen Atem gehabt haben: Ein Gedicht geht manchmal über zwei DIN A4-Seiten. Am schwierigsten waren für mich Ihre Reimschemata. Ich muss Ihnen ehrlich gestehen, dass ich sie nicht mag. Sie fühlen sich wie ein Korsett an. Ich bin eine Verfechterin der freien Verse. Schade, dass wir darüber nicht diskutieren können. Schließlich habe ich einfach die Herausforderung angenommen. Ich musste zwar einen anderen Rhythmus wählen, weil er besser zum Niederländischen passt, aber ich habe mich so weit wie möglich an die Form, den Inhalt und die Stimmung gehalten So wie hier:

> Zonderling leger dat ik voor me koos!
> Rechts en links rezen rotsen omhoog,
> Reuzenblokken, van profier ruwe brokken;
> Tot boven mijn hoofd reikte de bouw,
> Langharig licheen beroerde mijn brauw,
> En aan mijn voeten wiegden ginsterloten.

Ich will Sie nicht mit den Details langweilen, wie ich zu einer glaubwürdigen Übersetzung gekommen bin. Übersetzen ist ein ebenso mühsamer Prozess wie das Schreiben von Gedichten. Wörter rennen vor einem her, eine Ahnung von Wörtern, Wörtern, die dort hingehören könnten. Sie drehen sich zu dir um und rufen: Fang mich, wenn du kannst.

Hinterher wünscht man sich, man hätte sich anders entschieden. Eine Übersetzung ist niemals fertig. Sie ist ein Buch, das man nie abschließt. Sprache ist wandelbar. Ich möchte Ihnen hier das *Traumglossar* abschreiben, das ich für das Droste-Glossar verfasst habe und das Teil des *Trans/Droste* Labors ist, in dem von Ihnen verfasste Texte in andere Sprachen übersetzt werden. Ich hatte die Freiheit, den Begriff des Glossars nach meinen eigenen Vorstellungen zu definieren. Und zwar wie folgt:

> *wenn ich übersetze, übersetze ich tag und nacht, bis ins reich der träume verfolgen mich die nöte und ängste des übersetzens, die freude und pein über ein gelungenes oder unzulängliches wort. tief in der nacht suche ich den namen einer straße, die niemand kennt, probiere ich vergeblich, geschriebenes auf mannshohen seiten zu entziffern, liegen mir die wörter auf der zunge, kursiviere ich bestimmte zeilen und sätze, entdecke ich*

hond rent over de bar. op het uiterste randje. op de grens van het mogelijke of geoorloofde. zijn pels lijkt die van een kat. zwartwit gevlekt. het zwart wordt steeds dieper en glanzender. iedereen bewondert zijn pels. de hond is vliegensvlug. hij wordt ouder terwijl hij rent. als ik nader, wordt het zwart bruin. de bruine vlekken marmeren. en de hond is groter, lomper, gemoedelijker minder flitsend als eerst. ik roep: 'schröter'.

'da plötzlich fuhr ein plumper schröter jach', vierde regel van het vierde couplet in 'der hünenstein'. schröter = vliegend hert. ik ben van het woord vliegend hert gaan houden. van het mooie beeld: bovenkaken die op een gewei lijken. een vliegend hert klinkt blitser dan schröter. ik kan het vliegend hert hart niet loslaten. maar het breekt de versmaat; vliegt over de grens van het mogelijke, geoorloofde. toch vat ik door de droom sympathie op voor de lompere, gemoedelijkere schröter en kies voor het eveneens gemoedelijker nederlandse keverwoord: tor.

Ten slotte, uw gedicht *Der Hünenstein* heeft me het meest geraakt. Op de eerste plaats door uw zeer geslaagde natuurschilderingen. De nachtmerrieachtige sfeer. De mysterieuze kracht die u aan de natuur toeschrijft. De nuchterheid waarmee u de aard van het gesteente en de bouw van het hunebed neerzet. U moet goed zijn ingevoerd in geologie en archeologie. Ook weer- en plantkunde moet u grondig hebben bestudeerd. Het is fascinerend hoe landschap en geschiedenis, droom en werkelijkheid, kennis en mysterie in elkaar overgaan. U verraste me met het schrijversblok van het lyrisch ik. Zo geeft u inzicht in uw schrijfproces. Dat wandelen in de natuur, uw waarnemingen van de hierboven beschreven verschijnselen, uw verbeelding (weer) op gang brachten. Was dit kijkje in de keuken in de tijd waarin u schreef ongewoon? Misschien vergis ik me daarin. Meesterlijk vind ik dat u de lezer na al die griezelverhaalachtige taferelen met lichte ironie naar de werkelijkheid terugvoert. Dreigende doodswolken zijn slechts regenwolken en een attente page beschut u tegen het nat worden met een opengevouwen paraplu.

Ik moet deze brief helaas nu sluiten. Meer woorden staan me niet ter beschikking.

ADIEU, uw toegewijde na-aapster en bondgenote,

Annelie David

---

an der wand eines kellerraums das schwarzweißnegativ eines briefes, habe ich schwierigkeiten, die wörter »liebhaben« und »buchstabieren« auszusprechen.

01. mai, traum – *ein heller raum mit einer bar. alles ist sauber und funkelt. die sonne scheint durch eine geöffnete tür. ein hund läuft über den tresen. über den äußersten rand. auf der grenze des möglichen oder des erlaubten. sein fell erinnert an eine katze. schwarzweiß gefleckt. das schwarz wird immer dichter und glänzender. alle bewundern dieses fell. der hund ist sehr schnell. während er rennt, wird er älter. als ich näherkomme, verändert sich das schwarz in braun. die braunen flecke marmorn. und der hund ist größer, plumper, gemütlicher, kein flitzen mehr wie zuvor. ich rufe »schröter«.*

»da plötzlich fuhr ein plumper schröter jach«, vierter vers der vierten strophe in der hünenstein. schröter = hirschkäfer (nl. vliegend hert, fliegender hirsch). ich habe mich in den namen vliegend hert verliebt. in das schöne bild: oberkiefer wie geweihe. fliegender hirsch klingt flotter als schröter. ich kann den fliegenden hirsch (das fliegende herz) nicht loslassen. aber er bricht das versmaß, fliegt über die grenze des möglichen, erlaubten. doch der traum weckt in mir auch sympathie für den plumperen, gemütlicheren schröter und ich entscheide mich für das ebenfalls gemütlichere niederländische käferwort: tor.

[Übers.: Stefan Wieczorek]

Kurzum, Ihr Gedicht *Der Hünenstein* hat mich am meisten berührt. Vor allem wegen der überaus gelungenen Naturbeschreibungen. Der alptraumhaften Stimmung. Der mysteriösen Kraft, die Sie der Natur zuschreiben. Der Sachlichkeit, mit der Sie die Beschaffenheit des Gesteins und den Aufbau des Hünengrabs skizzieren. Sie müssen sich gut in Geologie und Archäologie eingearbeitet haben. Auch mit Wetter- und Pflanzenkunde haben Sie sich gründlich auseinandergesetzt. Es ist faszinierend, wie Landschaft und Geschichte, Traum und Wirklichkeit, Wissen und Mysterium ineinander übergehen. Mit der Schreibblockade des lyrischen Ichs haben Sie mich überrascht. Auf diese Weise geben Sie einen Einblick in Ihren Schreibprozess. Etwa, wie Spaziergänge in der Natur, wie die Beobachtung der oben beschriebenen Phänomene Ihre Fantasie (wieder) in Gang brachte. War diese Offenlegung, wie Sie als Schriftstellerin gearbeitet haben, zu Ihrer Zeit nicht ungewöhnlich? Da mag ich mich täuschen. Ich finde es meisterhaft, wie Sie den Leser nach all den an Schauergeschichten erinnernden Szenen mit leichter Ironie wieder in die Wirklichkeit zurückholen. Dunkel drohende Wolken erweisen sich als Regenwolken und ein aufmerksamer Page schützt Sie mit einem aufgespannten Regenschirm vor dem Nasswerden.

Leider muss ich diesen Brief jetzt beenden. Mehr Worte stehen mir nicht zur Verfügung.

ADIEU, Ihre treu ergebene Nachahmerin und Verbündete,

Annelie David

ANNETTE VON DROSTE-HÜLSHOFF

VERTALING: ANNELIE DAVID

DAS SPIEGELBILD

Schaust du mich an aus dem Kristall,
Mit deiner Augen Nebelball,
Kometen gleich die im Verbleichen;
Mit Zügen, worin wunderlich
Zwei Seelen wie Spione sich
Umschleichen, ja, dann flüstre ich:
Phantom, du bist nicht meines Gleichen!

Bist nur entschlüpft der Träume Hut,
Zu eisen mir das warme Blut,
Die dunkle Locke mir zu blassen;
Und dennoch, dämmerndes Gesicht,
Drin seltsam spielt ein Doppellicht,
Trätest du vor, ich weiß es nicht,
Würd' ich dich lieben oder hassen?

Zu deiner Stirne Herrscherthron,
Wo die Gedanken leisten Frohn
Wie Knechte, würd ich schüchtern blicken;
Doch von des Auges kaltem Glast,
Voll todten Lichts, gebrochen fast,
Gespenstig, würd, ein scheuer Gast,
Weit, weit ich meinen Schemel rücken.

Und was den Mund umspielt so lind,
So weich und hülflos wie ein Kind,
Das möcht in treue Hut ich bergen;
Und wieder, wenn er höhnend spielt,
Wie von gespanntem Bogen zielt,
Wenn leis' es durch die Züge wühlt,
Dann möcht ich fliehen wie vor Schergen.

Es ist gewiß, du bist nicht Ich,
Ein fremdes Daseyn, dem ich mich
Wie Moses nahe, unbeschuhet,
Voll Kräfte die mir nicht bewust,
Voll fremden Leides, fremder Lust;
Gnade mir Gott, wenn in der Brust
Mir schlummernd deine Seele ruhet!

Und dennoch fühl ich, wie verwandt,
Zu deinen Schauern mich gebannt,
Und Liebe muß der Furcht sich einen.
Ja, trätest aus Kristalles Rund,
Phantom, du lebend auf den Grund,
Nur leise zittern würd ich, und
Mich dünkt – ich würde um dich weinen!

HET SPIEGELBEELD

Kijk jij me aan vanuit de spiegel
Met ogen als een bal van mist,
Gelijk kometen die verbleken;
Met trekken waarin wonderlijk
Twee zielen zich hier heimelijk
bespieden; ach, dan fluister ik:
Fantoom, mijns gelijke ben jij niet!

Glipte uit der dromen hoede
Jij, om mijn warme bloed te koelen,
Mijn donk're lok te doen vervagen;
En toch, om je schemerig gezicht
Speelt een eigenaardig dubbellicht,
Kom jij tevoorschijn, ik weet het niet,
Of ik je liefheb of zou haten?

Naar jouw voorhoofd heerserstoel,
Waar het denken diensten doet
als knechten, zou ik schuchter turen;
Maar om der ogen koude glans,
Zo dood het licht, gebroken haast,
Spookachtig, zou ik, schuwe gast,
mijn kruk ver ver naar achter duwen.

En wat zijn mond omspeelt zo mild,
Zo zacht en hulploos als een kind
Wil ik door trouw beschermen;
En steeds wanneer hij honen speelt,
Wanneer hij mij als doelwit neemt,
Steels 't in zijn trekken rebelleert
Dan wil ik vluchten als voor schurken.

Het staat vast, jij bent niet ik,
Een zonderling wezen dat ik
Als Mozes nader, ongeschoeid,
Vol krachten die me niet bewust,
Vol vreemd verdriet en vreemde lust;
Genade God, wanneer je ziel
Sluimert binnen in mijn borst!

En toch, als waren we verwant,
raak ik door je huiver in de ban
Dat liefde zich met angst vereent.
Ja, kwam jij uit des spiegels rond,
Fantoom, levend jij op deze grond,
Slechts zachtjes zou ik rillen, en
– mij dunkt – dat ik om jou zou wenen!

ANNETTE VON DROSTE-HÜLSHOFF VERTALING: ANNELIE DAVID

DER SCHLOSSELF

In monderhellten Weihers Glanz
Liegt brütend wie ein Wasserdrach'
Das Schloß mit seinem Zackenkranz,
Mit Zinnenmoos und Schuppendach.
Die alten Eichen stehn von fern,
Respektvoll flüsternd mit den Wellen,
Wie eine graue Garde gern
Sich mag um graue Herrscher stellen.

Am Thore schwenkt, ein Steinkoloß,
Der Pannerherr die Kreuzesfahn,
Und courbettirend schnaubt sein Roß
Jahrhunderte schon himmelan;
Und neben ihm, ein Tantalus,
Lechzt seit Jahrhunderten sein Docke
Gesenkten Halses nach dem Fluß,
Im dürren Schlunde Mooses Flocke.

Ob längst die Mitternacht verklang,
Im Schlosse bleibt es immer wach;
Streiflichter gleiten rasch entlang
Den Corridor und das Gemach,
Zuweilen durch des Hofes Raum
Ein hüpfendes Laternchen ziehet;
Dann horcht der Wandrer, der am Saum
Des Weihers in den Binsen knieet.

»Ave Maria! stärke sie!
Und hilf ihr über diese Nacht!«
Ein frommer Bauer ist's, der früh
Sich auf die Wallfahrt hat gemacht.
Wohl weiß er, was der Lichterglanz
Mag seiner gnäd'gen Frau bedeuten;
Und eifrig läßt den Rosenkranz
Er durch die schwiel'gen Finger gleiten.

Doch durch sein christliches Gebet
Manch Heidennebel schwankt und raucht;
Ob wirklich, wie die Sage geht,
Der Elf sich in den Weiher taucht,
So oft dem gräflichen Geschlecht
Der erste Sprosse wird geboren?
Der Bauer glaubt es nimmer recht,
Noch minder hätt' er es verschworen.

DE KASTEELELF

In maanverlichte vijverglans
Ligt broedend als een waterdraak
Het kasteel met zijn getande krans,
Met tinnenmos en schubbendak.
De oude eiken staan veraf
Gedwee te ruisen met de rimpeling
Zoals grijze wachters graag
zich om grijze heersers ringen.

Bij de poort zwaait, een steenkolos,
De baanderheer het kruisbanier
En courbetterend briest zijn ros
Reeds eeuwen het luchtruim in;
Bezijden hem, een Tantalus
Hijgt al eeuwenlang zijn dog
Reikhalzend naar de waterput
In zijn droge muil een vlokje mos.

Al is middernacht verstreken
Het kasteel weet van geen slaap;
Ras glijden er lichtstrepen
Voorbij corridor en zaal,
Soms gaat er door het binnenplein
Een lantaarntje dat trilt;
Dan luistert de reiziger die bij
de vijver in de biezen knielt.

"Ave Maria. Geef haar kracht!
En help haar door deze nacht."
Het is een vrome boer die vroeg al
Zich op pelgrimstocht begaf.
Hij weet goed wat de felle glans
Voor zijn vrouwe kan betekenen
En nijver laat hij zijn rozenkrans
Door zijn eeltige vingers glijden.

Maar door zijn christelijk gebed
Menig heidenmist wankt en walmt
Of er echt, zoals de sage zegt,
De elf zich in de vijver stort
Zo vaak er in het adellijk geslacht
Een eersteling geboren wordt?
Geloven doet de boer het niet
Maar minder nog verloochenen.

Scheu blickt er auf – die Nacht ist klar,	Schuw kijkt hij op – de nacht klaarlicht
Und gänzlich nicht gespensterhaft,	Geheel en al niet onheilszwanger
Gleich drüben an dem Pappelpaar	Bij het peppelpaar daarginds
Zählt man die Zweige längs dem Schaft;	Telt men takken langs de stammen;
Doch stille! In dem Eichenrund –	Wees stil! Daar in het eikenrond –
Sind das nicht Tritte? – Kindestritte?	Zijn dat stapjes? – Kinderstapjes?
Er hört, wie an dem harten Grund	Hij hoort daar op de harde grond
Sich wiegen, kurz und stramm, die Schritte.	Gewiegel, kort en strak, van pasjes.
Still! still! es raschelt über'n Rain,	Stil! Stil! Het ritselt bij de reen
Wie eine Hinde, die im Thau,	Zoals een hinde in de dauw
Beherzt gemacht vom Mondenschein,	Aangemoedigd door het manenbleek
Vorsichtig äßet längs der Au.	Voorzichtig weidend langs de ouw.
Der Bauer stutzt – die Nacht ist licht,	De boer stokt – de nacht is helder
Die Blätter glänzen an dem Hagen,	De bladeren glanzen aan de haag
Und dennoch – dennoch sieht er nicht,	En toch – toch ziet hij niet
Wen auf ihn zu die Schritte tragen.	Wie naar hem toe de stapjes draagt.
Da, langsam knarrend, thut sich auf	Daar, langzaam knarsend, open gaat
Das schwere Heck zur rechten Hand,	Het zware hek ter rechterhand
Und, wieder langsam knarrend, drauf	En nog één langzaam knarsen, dan
Versinkt es in die grüne Wand.	Verzinkt het in de groene wand.
Der Bauer ist ein frommer Christ;	De boer is een vroom christenmens;
Er schlägt behend des Kreuzes Zeichen;	Slaat vlug het teken van het kruis;
»Und wenn du auch der Teufel bist,	"En zelfs als jij de duivel bent,
Du mußt mir auf der Wallfahrt weichen!«	Zwichten zal je voor mijn pelgrimsreis."
Da hui! streift's ihn, federweich,	En hoei! schampt het hem, vederzacht,
Da hui! raschelt's in dem Grün,	En hoei! ritselt het in het groen,
Da hui! zischt es in den Teich,	En hoei! flitst het in de plas
Daß bläulich Schilf und Binsen glühn;	Dat riet en biezen in blauwe gloed;
Und wie ein knisterndes Geschoß	En als een sprankelende raket
Fährt an den Grund ein bläulich Feuer;	Schiet naar de grond een blauwig vuur
Im Augenblicke wo vom Schloß	Pal nadat uit het kasteel
Ein Schrei verzittert über'm Weiher.	Een schreeuw wegebt over de poel.
Der Alte hat sich vorgebeugt,	Voorover bukt de ouwe boer,
Ihm ist als schimmre, wie durch Glas,	Het is als schittert er door glas
Ein Kindesleib, phosphorisch, feucht,	Een kinderlijfje, fosforisch, nat,
Und dämmernd wie verlöschend Gas;	En schemerend als dovend gas;
Ein Arm zerrinnt, ein Aug' verglimmt -	Smelt een arm weg, verglimt een oog –
Lag denn ein Glühwurm in den Binsen?	Lag er een gloeiworm in de biezen?
Ein langes Fadenhaar verschwimmt,	Een lange draad van haar wordt vaag,
– Am Ende scheinen's Wasserlinsen!	– Ten slotte zijn 't waterlinzen!
Der Bauer starrt, hinab, hinauf,	De boer staroogt, omlaag, omhoog,
Bald in den Teich, bald in die Nacht;	Achtereen de plas in, de nacht;
Da klirrt ein Fenster drüben auf,	Een raam rinkelt ginder open
Und eine Stimme ruft mit Macht:	En een stem roept met alle macht:
»Nur schnell gesattelt! schnell zur Stadt!	Gauw gezadeld! Gauw naar de stad!
Gebt dem Polacken Gert' und Sporen!	"Geef de Mazoere zweep en sporen!
Viktoria! soeben hat	Vis Victorie! De gravin heeft
Die Gräfin einen Sohn geboren!«	Zojuist een zoon geboren!"

ANNETTE VON DROSTE-HÜLSHOFF   VERTALING: ANNELIE DAVID

DER HÜNENSTEIN

Zur Zeit der Scheide zwischen Nacht und Tag,
Als wie ein siecher Greis die Haide lag
Und ihr Gestöhn des Mooses Teppich regte,
Krankhafte Funken im verwirrten Haar
Elektrisch blitzten, und, ein dunkler Mahr,
Sich über sie die Wolkenschichte legte;

Zu dieser Dämmerstunde war's, als ich
Einsam hinaus mit meinen Sorgen schlich,
Und wenig dachte, was es draußen treibe.
Nachdenklich schritt ich, und bemerkte nicht
Des Krautes Wallen und des Wurmes Licht,
Ich sah auch nicht, als stieg die Mondesscheibe.

Grad war der Weg, ganz sonder Steg und Bruch;
So träumt ich fort und, wie ein schlechtes Buch,
Ein Pfennigs-Magazin uns auf der Reise
Von Station zu Stationen plagt,
Hab' zehnmal Weggeworf'nes ich benagt,
Und fortgeleiert überdrüß'ge Weise.

Entwürfe wurden aus Entwürfen reif,
Doch, wie die Schlange packt den eignen Schweif,
Fand ich mich immer auf derselben Stelle;
Da plötzlich fuhr ein plumper Schröter jach
An's Auge mir, ich schreckte auf und lag
Am Grund, um mich des Haidekrautes Welle.

Seltsames Lager, das ich mir erkor!
Zur Rechten, Linken schwoll Gestein empor,
Gewalt'ge Blöcke, rohe Porphyrbrode;
Mir überm Haupte reckte sich der Bau,
Langhaar'ge Flechten rührten meine Brau,
Und mir zu Füßen schwankt' die Ginsterlode.

Ich wußte gleich, es war ein Hünengrab,
Und fester drückt' ich meine Stirn hinab,
Wollüstig saugend an des Grauens Süße,
Bis es mit eis'gen Krallen mich gepackt,
Bis wie ein Gletscher-Bronn des Blutes Takt
Aufquoll und hämmert' unterm Mantelvließe.

Die Decke über mir, gesunken, schief,
An der so blaß gehärmt das Mondlicht schlief,
Wie eine Wittwe an des Gatten Grabe;
Vom Hirtenfeuer Kohlenscheite sahn
So leichenbrandig durch den Thimian,
Daß ich sie abwärts schnellte mit dem Stabe.

HET HUNEBED

Op het punt dat zich scheiden nacht en dag,
Toen als een zwak oud man de hei daar lag
En haar gesteun het mostapijt wekte,
Flauwe vonken in het warrig haar
Elektrisch flitsten, en, als donkere maar,
de wolkenlaag zich over haar legde;

Op dit halfduister uur was het dat ik
Eenzaam met mijn zorgen naar buiten liep
En weinig dacht aan wat het daar deed.
Peinzend liep ik rond en bemerkte niet
Het golvend kruid en van de worm het licht,
Ik zag het ook niet als de maan die verrees.

Recht was de weg, zonder breuk noch broek;
Zo mijmerde ik voort en als een slecht boek,
Een penning-magazine dat op onze reis
Van stopplaats tot stopplaats ons plaagt
Heb ik tien keer 't geschrapte beknaagt
En opgedreund de beu zijnde wijs.

Schetsen worden van het schetsen rijp,
Maar zoals de slang die zich in haar staart bijt,
Bleef ik aldoor dezelfde rondjes draaien;
Toen botste een lompe tor plotsklaps
tegen mijn oog, ik schrok en lag daar
op de grond om mij heen het heidedeinen.

Zonderling leger dat ik voor me koos!
Rechts en links rezen rotsen omhoog,
Reuzenblokken, van profier ruwe brokken;
Tot boven mijn hoofd reikte de bouw,
Langharig licheen beroerde mijn brauw,
En aan mijn voeten wiegden ginsterloten.

Ik wist meteen, het was een hunegraf,
Steviger drukte ik mijn voorhoofd omlaag,
Lustvol zoog ik het o zo zoete gruwen op
Totdat het me greep met zijn ijzige klauw,
Als een gletsjerbron de pols van mijn bloed
Aanzwol, bonsde onder het vlies van mijn rok.

Het plafond boven mij, ingezakt, scheef
Waarop het maanlicht sliep, bedroefd en bleek
Zoals een weduwe aan haar eega's graf;
Van het herdersvuur het brandhout scheen
Zo lijkverschroeiend door de smele heen
Dat ik het vlug omlaag wierp met mijn staf.

Husch fuhr ein Kiebitz schreiend aus dem Moos;	Hoei schoot een kievit krijsend uit het mos;
Ich lachte auf; doch trug wie bügellos	een lach ontsnapte me; toch voerde teugelloos
Mich Phantasie weit über Spalt und Barren.	Mijn fantasie me ver voorbij paal en barst.
Dem Wind hab' ich gelauscht so scharf gespannt,	Op het geluid van de wind mijn oor gespitst
Als bring er Kunde aus dem Geisterland,	Als bracht hij uit het geestenland bericht.
Und immer mußt ich an die Decke starren.	Toch hield het plafond aldoor mijn aandacht vast.
Ha! welche Sehnen wälzten diesen Stein?	Ha! Welke pezen rolden deze steen?
Wer senkte diese wüsten Blöcke ein,	Wie liet de kolosalen blokken neer,
Als durch das Haid die Todtenklage schallte?	Toen de klaagzang door de heide klonk?
Wer war die Drude, die im Abendstral	Wie was de drude die in de avondstraal
Mit Run' und Spruch umwandelte das Thal,	Met rune en spreuken liep rond het dal
Indeß ihr gold'nes Haar im Winde wallte?	Terwijl de wind haar gouden haar bewoog?
Dort ist der Osten, dort, drei Schuh im Grund,	Daar is het Oosten, daar, drie voet in de grond
Dort steht die Urne, und in ihrem Rund	Daar staat de urn en in haar rondte
Ein wildes Herz zerstäubt zu Aschenflocken;	Een wild hart tot vlokken as verstoven;
Hier lagert sich der Traum vom Opferhain,	Hier slaat de droom neer van het offerbos
Und finster schütteln über diesen Stein	En duister schudden boven deze rots
Die grimmen Götter ihre Wolkenlocken.	Hun wolkenlokken de woeste goden.
Wie, sprach ich Zauberformel? Dort am Damm –	Wat, sprak ik tovertaal? Daar bij de dam –
Es steigt, es breitet sich wie Wellenkamm,	Het stijgt, het strekt zich uit als woelige baar
Ein Riesenleib, gewalt'ger, höher immer;	reusachtig lijf, machtiger, hoger almaar;
Nun greift es aus mit langgedehntem Schritt –	Nu reikt het uit met lang gestrekte tred –
Schau, wie es durch der Eiche Wipfel glitt,	Kijk, hoe het door de kroon van de eik heen trekt,
Durch seine Glieder zittern Mondenschimmer.	Door zijn leden trilt het schijnsel van de maan.
Komm her, komm nieder – um ist deine Zeit!	Kom hier, kom gauw beneden – om is je tijd!
Ich harre dein, im heil'gen Bad geweiht;	Ik wacht op jou, in het heilig bad gewijd;
Noch ist der Kirchenduft in meinem Kleide! –	Noch zit kerkwierook in mijn kledij! –
Da fährt es auf, da ballt es sich ergrimmt,	Daar stijgt het op, daar pakt het zich boos samen
Und langsam, eine dunkle Wolke, schwimmt	En zwemt, duister als een wolk, langzaam
Es über meinem Haupt entlang die Haide.	Over mijn hoofd heen langs de heide.
Ein Ruf, ein hüpfend Licht – es schwankt herbei –	Geroep, een springend licht – het zwaait hierheen –
Und – »Herr, es regnet« – sagte mein Lakai,	En – "Mijnheer, het regent" – zei mijn page
Der ruhig über's Haupt den Schirm mir streckte.	Die kalm zijn plu boven mijn hoofd uitstrekte.
Noch einmal sah ich zum Gestein hinab:	Ik keek nog één keer de stenen wand omlaag;
Ach Gott, es war doch nur ein rohes Grab,	Oh God, het was maar slechts een rauw graf,
Das armen, ausgedorrten Staub bedeckte! –	Dat daar arme, dorre stof bedekte.

ALICE NAHON

ÜBERSETZUNG: CHRISTIAN GOLUSDA

Geïnspireerd door haar samenwerking met Simone Scharbert (zie Scharberts cyclus 'Alice doesn't' in het binnenkatern) ging Lies Van Gasse op zoek naar een 'Vlaamse Alice' en ontdekte de Antwerpse dichteres **Alice Nahon** (1896-1933). Nahon groeide in de jaren twintig met haar dichtbundels *Vondelingskens* (1920), *Op zachte vooizekens* (1921) en *Schaduw* (1928) uit tot een zeer populaire dichteres wier werk in grote oplagen verscheen, maar vond bij de kritiek geen blijvende erkenning. Ze leed aan een chronische longziekte en stief in 1933. In de meer recente literatuurgeschiedenis gaat de aandacht vooral uit naar haar leven als onconventionele vrouw, maar een herontdekking van haar oeuvre ontbreekt nog.

Angeregt durch die Zusammenarbeit mit Simone Scharbert (siehe deren Zyklus »Alice doesn't« im Innenteil) machte sich Lies Van Gasse auf die Suche nach einer »flämischen Alice« und stieß auf die Antwerpener Dichterin **Alice Nahon** (1896-1933), die in den zwanziger Jahren mit ihren Gedichtbänden *Vondelingskens / Findelkinderchen* (1920), *Op zachte vooizekens / Sanfte Weisen* (1921) und *Schaduw / Schatten* (1928) zu einer sehr populären und auflagenstarken Lyrikerin wurde, jedoch keine bleibende Anerkennung bei der Kritik fand. Alice Nahon litt an einer chronischen Lungenkrankheit und starb 1933. Während die jüngere Literaturhistorie vor allem ihr Leben als unkonventionelle Frau in den Blick gerückt hat, steht die Wiederentdeckung ihres Werks noch aus.

KINDJE

Op de peul mijns herten
Rust uw hoofdeke van goud...;
't Is of ik uw freele zielke
Tusschen bei m'n handen houd.

Lijk albasten bloeme
Ligt uw teêr gezichteke
En uit elk' azuren kijker
Blikt een blauw gedichteke...

Kon ik vatten, kindje,
Van die dichtjes rythme en rijm;
Mocht ik, van uw broze wereld,
Raden het subtiel geheim.

'k Durf u haast niet kussen...
— Raakt men witte bloemen aan —?
Schendt men dan de sneeuw-gedachtjes,
Die er door uw kopken gaan?

Straks, als ge zult sluimren,
Kind, dat ik zoo geren zie,
Dàn misschien zal ik u zoenen,
Lijk men kust een relikwie.

MIJN JEUGD

Mijn jeugd is een roep door de stilte
Een galm, die geen echo gelooft;
Maar beter berust,
Als in zegening rust
Uw hand op m'n hunkerend hoofd.

Mijn jeugd is lijk smeulende branken
Van meivuur, gedoofd in zijn kracht,
Dat prachtig weer brandt
Over 't avondlijk land,
Wanneer ik uw armen verwacht.

Mijn jeugd is muziek van verlangen,
Die wild over 't heideland zwerft...
Maar nimmer voldaan,
In wat glimlach of traan
Ter venstren mijns herten versterft.

KINDCHEN

Auf der Schale meines Herzens
Ruht dein Köpfchen wie von Gold,
So als hielte ich in Händen
Deine Seele, sanft und hold.

Wie die Blum' aus Alabaster
Liegt dein zartes Angesichtchen,
Von Azur die beiden Äuglein
Blicken wie ein blau' Gedichtchen.

Könnte ich erfassen, Kindchen,
Dichters Rhythmus wie auch Reim,
Dann erführe ich aus deiner
Brüch'gen Welt, was tief geheim.

Wag es fast nicht, dich zu küssen,
— Rührt man weiße Blumen an —?
Stört man nicht die Schneegedanken,
Die durchs Köpfchen gehen, dann?

Später, wenn du schon im Schlummer,
Finde ich vielleicht den Mut,
Liebes Kindchen, dich zu küssen,
Wie man's mit Reliquien tut.

MEINE JUGEND

Meine Jugend ist ein Ruf durch die Stille,
ein Hall, seines Echos beraubt,
Aber besser umhegt,
Wenn segnend sich legt
Deine Hand auf mein sehnendes Haupt.

Meine Jugend ist ein glimmender Holzspan,
Eines Maifeuers schwelende Glut,
das hellauf in Brand
im nächtlichen Land,
Wenn wieder dein Arm um mich ruht.

Meine Jugend ist Musik voll Verlangen,
Die wild übers Heideland fliegt,
Doch nie wunschlos macht,
Ob man weint oder lacht,
An der Tür meines Herzens versiegt.

Dossier – Übersetzung als Begegnung. Drei Klassiker | Vertaling als ontmoeting. Drie klassiekers

ALICE NAHON ÜBERSETZUNG: PATRICK WILDEN

DE KINDEREN VAN 'DE SOETEWEY'

Ze trekken ter schole ten halleveracht,
— Het dorpje ligt ver van 't gehucht, —
Om 't even, of liefelijk 't zonneke lacht,
   Voor wind noch voor regen beducht.
      Met blauw-baaien rokskens
      De blinkende blokskens
   Van 's Zaterdags versch gevernist,
      Zoo trekken ze zwijgend
      De koppekens nijgend,
   Door regen, door sneeuw of door mist;
Dan spreken die boerengespeelkens geen woord,
De grooteren trekken de kleineren voort.
'Klikkerdeklakker', zoo kloefren de rijën
Op blokskens voorbij langs de grauwe kasseiën.

Op grootmoeders neusdoek, met kopspeld gehecht
   En kleurig met bloemen bestikt,
De stroogele haren, heel stevig gevlecht,
   Met vuurroode lintjes gestrikt;
      Bol-roode gezichtjes
      En oogen als lichtjes,
   De handekens frisch en gezond;
      Hoe lief en hoe gekjes
      Die boerene bekjes
   Met koffierandekens rond;
Zoo stappen ze fier en als waren ze rijk!
Hun neusdoekje sleept met z'n tippen door 't slijk,
'Klikkerdeklakker' zoo kloef'ren de rijën
Op blokskens voorbij langs de grauwe kasseiën.

Des Zomers dan loopen de jongens voorop;
   Ze knabblen aan raap of aan pee.
De meiskens die leeren hun lessen luidop,
   De kleintjes die zeggen ze mee.
      Soms doen ze hun blokjes
      En lichtgrijze sokjes
   Aan 't oude kapelleken uit,
      Dan klinkt langs de wegen
      Het joelen u tegen
   En 't plif-pleffend voetjes-geluid...
Maar zien ze in het deurgat hun moederke staan,
Gauw schieten ze sokjes en blokjes weer aan.
'Klikkerdeklakker'..., zoo kloef'ren de rijën
Op blokskens voorbij langs de grauwe kasseiën.

DIE KINDER VON DER »SÜSSWEIDE«

Sie ziehen zur Schule gegen halb acht
— Weither, wo das Land beginnt, —
Ganz gleich, ob die Sonne süß ihnen lacht,
   Sie kümmert kein Regen, kein Wind.
      Mit artigen Rüschen,
      Blitzblanken Holzschühchen
   Am Sonnabend frisch aufpoliert,
      So ziehen sie schweigend
      Die Köpfe leicht neigend,
   Von Nebel, von Schnee ungerührt;
Dann sagen die Bauerngören kein Wort,
Die Größeren ziehen die Kleinen mit fort.
»Klickerdiklacker«, so trappeln die Reihen
In Holzpantinen auf Pflastersteinen.

Auf Großmutters Brusttuch, gut festgesteckt
   Und bunt mit Blumen verziert,
Die strohgelben Haare, zu Zöpfchen gestreckt,
   Mit knallroten Schleifchen drapiert;
      Pausbackengesichter
      Und Augen wie Lichter,
   Die Händchen so frisch und gesund;
      Im Frechen, im Guten
      Ihre Bauernschnuten
   Mit Milchbärten ringsherum.
Als wären sie reich, so schreiten sie keck!
Die Spitzen der Tücher schleppen im Dreck.
»Klickerdiklacker«, so trappeln die Reihen
In Holzpantinen auf Pflastersteinen.

Und sommers dann preschen die Jungs voran;
   Sie mümmeln die Rübchen roh.
Die Mädchen, die sagen ihr Pensum laut an,
   Die Kleinen, die lernen es so.
      Sie streifen die Schühchen
      Und hellgrauen Strümpfchen
   Manchmal am Kirchlein ab,
      Dann klingt allerwegen
      Ein Johlen entgegen
   Und nackiger Füße Tripp-trapp.
Doch sehn sie die Mutter im Hauseingang stehn,
Schon schlüpfen in Strümpfchen und Schühchen die Zehn.
»Klickerdiklacker«, so trappeln die Reihen
In Holzpantinen auf Pflastersteinen.

ALICE NAHON ÜBERSETZUNG: IRA WILHELM

SCHADUW

Ik heb de liefde liefgehad;
daarom wellicht heeft zij me niet bemind.
Zoo doet de mooie minnaar
met een zeer verliefde kind.

Ik heb de zon te lief gehad
en beu van beedlen
aan de deuren van de dagen
ben ik geworden als een varenblad
dat liever in den lommer leeft
dan zon te dragen.

En daarom bouwt mijn kommer aan een huis
waar lamp- en zonnelicht
getemperd zijn voor de oogen
en waar de soobre lijn van een gelaat
en waar de vrede van een vriendschap staat
lijk schaduw van een boom
over mijn hoofd
gebogen.

SCHATTEN

Wie sehr hab ich die Liebe geliebt;
mag sein, dass sie mich deshalb flieht.
Ganz wie der schöne Freund es macht
mit einem sehr verliebten Kind.

Ich hab die Sonne zu sehr geliebt
und müde von der Bettelei
an den Türen aller Tage
bin ich jetzt wie ein Farngewächs,
das lieber ganz im Schatten lebt
als Sonne zu ertragen.

Und darum baut mein Leid ein Haus,
wo Lampen- und das Sonnenlicht
verdunkelt sind der Augen wegen
und wo die nüchtre Linie des Gesichts
und wo der Friede einer Freundschaft dicht
dem Schatten eines Baumes gleich
über meinen Kopfe
schweben.

TAAL

Buiten mijn moedertaal
    en die der nachtegalen
wist ik naar diepen zin
    geen klare talen
en vaak heb ik bedroefd
    naar 't wonder boek gekeken
waarin geschreven stond
    wat andere landen spreken.

Toen deed de stad van leed
    voor mij heur poorten open;
ze leerde mij 't geheim
    van wanhoop en van hopen;
daar hing te spreken veel
    aan oogen en aan monden
waarvoor men hier beneen
    geen taal heeft uitgevonden.

Leven is hoogeschool
    voor nieuwe en doode talen
Die lang mag leerling zijn
    in heur rumoeren zalen
die kan uit kolken roes
    van juichen en van smeeken
redden het ijl relaas
    waarin de zielen spreken.

SPRACHE

Nebst meiner Muttersprache
    und die der Nachtigall
kannt' ich nicht eine klare Sprache
    im eigentlichen Sinn,
und oft versuchte ich bekümmert
    das Wunder Buch mir zu entdecken,
in dem geschrieben stand;
    was andere Länder sprechen.

Da hielt die Stadt des Leids
    mir ihre Tore offen;
sie lehrte das Geheimnis mich
    des Zweifelns und des Hoffens;
dort war das Sprechen aufgetragen
    den Mündern und den Augen,
wofür in diesem Tal
    nicht eine Sprache taugte.

Leben ist die hohe Schule
    für Sprachen, tot und neu.
Wer lange hier zur Schule darf,
    die immer voll Geschrei,
der kann im Strudelrausch
    aus Johlen und Gefleh erretten
den leis gestammelten Bericht,
    in dem die Seelen sprechen.

MENNO WIGMAN

ÜBERSETZUNG: GERD BUSSE

Op zoek naar gemeenschappelijke poëtische ankerpunten ontdekten Dominik Dombrowski en Mustafa Stitou tijdens het *Trimaran*-vertaalatelier dat ze beiden een grote bewondering koesteren voor de Nederlandse auteur, vertaler en voormalige stadsdichter van Amsterdam **Menno Wigman** (1966–2018). In uitgave #02 (2020) van *Trimaran* wezen we op diens *Verzamelde gedichten*. Gregor Seferens heeft een selectie uit Wigmans werk in het Duits vertaald (*Im Sommer stinken alle Städte*, parasitenpresse 2016).

Auf der Suche nach gemeinsamen poetischen Fixpunkten entdeckten Dominik Dombrowski und Mustafa Stitou während der *Trimaran*-Übersetzungswerkstatt ihre geteilte Verehrung für den niederländischen Autor, Übersetzer und ehemaligen Stadtdichter von Amsterdam **Menno Wigman** (1966–2018), auf dessen *Verzamelde gedichten / Gesammelte Gedichte* der *Trimaran* in Ausgabe #02 (2020) hinwies. Auf Deutsch liegt eine Auswahl von Wigmans Werk (*Im Sommer stinken alle Städte*, parasitenpresse 2016) in der Übersetzung von Gregor Seferens vor.

RIEN NE VA PLUS

Ik wou dat ik nooit een gedicht had gezien – Slauerhoff

Je zult maar zestien zijn en lelijk. Zoals jij.
Maar je wilt dichter worden, melkt de woorden van
Rimbaud en Baudelaire en slurpt je moeders soep
onder vijandig licht. En 's avonds op je kamer
zit je hardnekkig je verwekkers stuk te schrijven,
je dicht en heerst in het geniep over het leven,
een spotziek joch met een duivel tussen zijn dijen
dat ooit de mooiste meisjes zal berijden –
ja en je hand die nu zo fel papier bekrast
houdt op een dag een vlammend boekwerk vast.
Je naam in druk, de schoonheid van een vrouw: het komt,
het komt. Je bent een dichter nu en haast elk meisje
trapt erin. Gretig ben je, slordig met geluk.
Je leeft. Leeft niet. Schuilt steeds verscheurd in een gedicht
en haalt pas adem als je gure schoonheid ziet.
En nu, haast zesendertig, ziek en mensenschuw,
door poëzie van alles om je heen vervreemd,
nu kijk je naar je hand en spuug je op je pen.
Is het walging? Onmacht? Zelfhaat misschien?
Had je maar nooit een gedicht gezien.

RIEN NE VA PLUS

Ich wollte, ich hätte nie ein Gedicht gesehen – Slauerhoff

Ach, wenn man sechzehn ist und hässlich. So wie du.
Doch du willst Dichter werden, melkst die Worte von
Rimbaud und Baudelaire und schlürfst der Mutter Suppe
unter feindseligem Licht. Und abends in deinem Zimmer
sitzt du da und schreibst hartnäckig deine Erzeuger kaputt,
du dichtest und herrschst klammheimlich über das Leben,
ein spottsüchtiges Bürschchen mit dem Teufel zwischen den Beinen,
das einst die schönsten Mädchen reiten wird –
ja, und deine Hand, die jetzt so heftig Papier zerkratzt,
hält eines Tages ein flammendes Schriftwerk fest.
Dein Name gedruckt, die Schönheit einer Frau: Es kommt,
es kommt. Du bist ein Dichter jetzt, und fast jedes Mädchen
fällt drauf rein. Gierig bist du, nachlässig mit Glück.
Du lebst. Lebst nicht. Steckst stets zerrissen in einem Gedicht
und holst erst dann Luft, wenn du raue Schönheit siehst.
Und jetzt, fast sechsunddreißig, krank und menschenscheu,
durch Poesie von allem, was um dich herum, entfremdet,
siehst du auf deine Hand und spuckst auf deinen Stift.
Ist es Ekel? Ohnmacht? Selbsthass gar?
Hättest du doch nie ein Gedicht gesehen.

MENNO WIGMAN   ÜBERSETZUNG: GREGOR SEFERENS

AARDE, WEES NIET STRENG

Aarde, hier komt een eerzaam lichaam aan
waarin een koninklijke zon is opgegaan.
Achter de ogen scheen een zomermaand,
het middenrif liep vol zacht avondlicht
en bij de hartstreek rees een tovermaan.

De handen voelden water, streelden dieren,
de voeten kusten stranden, kusten steen. Inzicht,
er sloop vreemd inzicht in het hoofd, de tong
werd scherp, er huisden vuisten in de vingers,
de hand bevocht brood, geld, liefde, licht.

Je kunt er heel wat boeken over lezen.
Je kunt er zelf een schrijven. Aarde, wees niet streng
voor deze man die honderd sleutels had,
nu zonder reiskompas een pad aftast
en hier zijn eerste nacht doorbrengt.

ERDE, SEI NICHT STRENG

Erde, hier kommt ein ehrbarer Leib,
in dem eine großartige Sonne sich erhob.
Hinter den Augen leuchtete ein Sommertag,
der Bauchraum füllte sich mit sanftem Abendlicht,
und rund ums Herz, da schimmerte ein Zaubermond.

Die Hand fühlte Wasser, koste Tiere,
die Füße küssten Strände, küssten Stein. Einsicht,
eine seltsame Einsicht schlich sich in das Hirn, die Zunge
wurde scharf, es hausten Fäuste in den Fingern,
und die Hand erkämpfte Brot, Geld, Liebe, Licht.

Darüber kann man ziemlich viele Bücher lesen.
Man kann selbst eins darüber schreiben. Erde, sei nicht streng
mit diesem Mann, der hundert Schlüssel hatte,
nun ohne Kompass einen Pfad abtastet
und hier seine erste Nacht verbringt.

ÜBERSETZUNG: STEFAN WIECZOREK

VLIEGTUIGGEDACHTEN

Het donker had mijn vaders kleren aan
toen ik vannacht een vliegtuig nam.
Ik ging gelaten de douane door
en zat vertreurd te staren door het raam.
Het donker, vader, had je kleren aan.

We stegen op. Een wolk, toen nog een wolk,
zo kwam je jaren na je dood weer door.
Ik vroeg me af waar je nu overnacht,
dacht aan je stem, ons huis, je hoofd en zag
een sneeuwwoestijn waar niemand woont.

Als ik me niet vergis, papa, bewaar
je zelf geen beeld meer van je dood.
Het donker heeft ook niet je kleren aan.
Al tien jaar ben je van je huid beroofd.
Ik zoek niet langer woorden voor vergaan.

FLUGZEUGGEDANKEN

Das Dunkel hatte meines Vaters Sachen an
als ich heut Nacht ein Flugzeug nahm.
Gelassen ging ich durch den Zoll
und stierte dann, voll Trauer, durch mein Fenster.
Das Dunkel, Vater, hatte deine Sachen an.

Wir stiegen auf. Durch eine Wolke, eine zweite,
so bist du wieder aufgetaucht nach deinem Tod.
Ich fragte mich, wo du nun übernachtest,
dachte an deine Stimme, unser Haus und deinen Kopf,
sah eine Schneewüste, wo niemand wohnt.

Soweit ich aber weiß, Papa, bewahrst
auch du kein Bild mehr deines Todes.
Das Dunkel hat nicht deine Sachen an.
Bist deiner Haut beraubt schon seit zehn Jahren.
Ich such nicht länger Worte für alles, was vergehen kann.

MENNO WIGMAN   ÜBERSETZUNG: RUTH LÖßNER

BEDDENDOOD

Waarom houdt men steeds korter van elkaar?
Wild, snel, elektrisch, ja, zo vreeën we
of lang en langzaam, doornat van geluk.
Nu wonen we in Voorstad, stram van rust,
en het heet beddendood en we zijn klaar.

Dat er een dag komt dat je dof ontwaart
hoe 's nachts een wildvreemd wezen naast je slaapt.
De liefde brak voor onze ogen stuk
en het heet beddendood en het is klaar.
Waarom houdt men steeds korter van elkaar?

BETTENTOD

Warum dauert die Liebe heutzutage kaum noch an?
Wild, schnell, elektrisiert, so trieben wir's.
Oder lange, langsam, glücksdurchnässt.
Jetzt wohnen wir in Vorstadt, stille-stramm,
und es heißt Bettentod. Mit uns war's das dann.

Dass mal ein Tag kommt, wo du wie im Bann
erkennst, dass neben dir ein fremdes Wesen schläft.
Die Liebe ging zu Bruch, wir sahen zu
und es heißt Bettentod. Das war's wohl dann.
Warum dauert die Liebe heutzutage kaum noch an?

OUTCAST

In dit gedicht is niet aan mij gedacht.
Wat zou het ook? Die vreemde in de tram,
die man daar in die witbeslagen ruit
ben ik. Een vlek. Een veeg. Nog niet gewist
en als de dood te worden uitgelicht.

Wat als ik zomaar de Messias was
en hier op deze tramlijn liefde bracht?
Stel dat ik gek van haat en razernij
een mes in jullie kille nekwerk stak?

In dit gedicht is niet aan mij gedacht.
Vlak voor het eind word ik geschrapt. De Dam,
het Spui, de Albert Cuyp: ik moet eruit.

Ik vouw me in mijn onmacht op
en trek de rits dicht van mijn huid.

OUTCAST

In diesem Gedicht denkt keiner an mich.
Wozu auch? Der Fremde in der Straßenbahn,
der Mann da in der weißbeschlagenen Scheibe
bin ich. Ein Fleck. Ein Klecks. Noch nicht verwischt
in Todes Angst vor grellem Licht.

Doch was, wenn ich jetzt der Messias wär
und dieser Linie Liebe schenkte?
Oder, verrückt vor Hass und Raserei,
euch die Verkehrsadern durchtrennte?

In diesem Gedicht denkt keiner an mich.
Ich werde kurz vor dem Ende gelöscht. De Dam,
het Spui, das Rembrandthaus: Ich muss hier raus.

Ich hüll mich in die Ohnmacht ein
und schließ den Reißverschluss der Haut.

MENNO WIGMAN — ÜBERSETZUNG: GREGOR SEFERENS

DE MAN DIE UIT EEN VULVA VIEL

De man die uit een vulva viel verpleegt
de blaren op zijn droom met seks – veel seks.
Verdriet is wit. Is badkamers. Is zeep.
De ochtend haalt verweesd zijn schouders op
nu hij zijn romp weer naar het werk versleept.

Zomer in Amsterdam: de merels hoesten
en hij stuurt hete teksten uit een tram.
's Nachts spoelt hij tussen vrouwenlakens aan
en naait hij zich nerveus de hemel in.

Hoe lang nog voor hij aan de kater went?
Van bed naar bed, zo gaat het jaar na jaar.
Het at de kleur op van zijn haar.

Nog dertig jaar van dun geluk. Dan zakt
hij moe in een vermoeide scheur terug.

DER MANN, DER AUS 'NER VULVA FIEL

Der Mann, der aus 'ner Vulva fiel, der pflegt
die Schrunden seines Traums mit Sex – mehr Sex.
Missmut ist weiß. Seife. Badezimmer.
Der Morgen zieht verwaist die Schultern hoch,
wenn er den Rumpf erneut zur Arbeit schleppt.

Sommer in Amsterdam: die Amseln husten,
und er schickt heiße Texte aus dem Bus.
Auf Frauenlaken strandet er des Nachts
und fickt nervös sich in den Himmel rein.

Wird er sich an den Kater je gewöhnen?
Von Bett zu Bett, so geht es Jahr um Jahr.
Es fraß die Farbe ihm aus seinem Haar.

Noch dreißig Jahre dünnes Glück. Dann sinkt
er müd in einen müden Spalt zurück.

ONEINDIG WAKKER

Rühmen, das ists! – Rilke

Mooie dingen, allemaal mooie dingen:
je hand die voor het eerst een kattenvacht streelt,
je moeder die bezorgd je knie verbindt,
zes moegedraafde paarden in de zon,
het onweer waar augustus mee begon,
Diana's hand die naar je broek afgleed,
haar lichaam waar je blind de weg in vond,
de kleur van een kwatrijn van J.C. Bloem,
Nick Cave die dwars door Paradiso zong,
een woord als moerbei, huisraad, ravelijn,
de vondst van een nog net niet schurftig rijm:–
mooie dingen, allemaal mooie dingen
zoals de treinen waarop ik gezoend heb,
het zachte golven van een dranklokaal,
een meisjeskamer die naar adel geurt,
het wonder dat geen dag zich ooit herhaalt,
o mooie dingen en mijn mond benoemt het
voor ik me met het domme zwart verzoend heb.

UNENDLICH WACH

Rühmen, das ists! – Rilke

Schöne Dinge, lauter schöne Dinge:
deine Hand, die erstmals ein Katzenfell streichelt,
deine Mutter, die besorgt dein Knie verbindet,
sechs müdgetrabte Pferde im letzten Sonnenglitter,
zu Beginn des August das Gewitter,
Dianas Hand, die in deinen Schritt hinabglitt,
ihr Körper, in den du blind hineinfandest,
die Farbe eines Vierzeilers von J.C. Bloem,
Nick Cave, der Paradiso rockte,
ein Wort wie Maulbeere, Hausrat, Ravelin,
der Fund eines gerade noch nicht räudigen Reims: –
schöne Dinge, lauter schöne Dinge,
so wie Züge, in denen ich küsste,
das sanfte Wogen eines Bierlokals,
ein Mädchenzimmer, das nach Adel duftet,
das Wunder, dass kein Tag sich jemals wiederholt,
o, schöne Dinge, und mein Mund benennt es,
ehe ich mich mit dem dummen Schwarz versöhnt hab.

POETISCHER GRENZVERKEHR /
POËTISCH GRENSVERKEER

**Aus dem Niederländischen ins Deutsche übersetzt /
Nederlandstalige poëzie in het Duits**

J.C. Bloem
**Ganz einfach glücklich, in der Dapperstraat
Ausgewählte Gedichte**
übersetzt von Gerd Busse und Christian Golusda
Verlag Friedrich Mauke 2024.

Bianca Boer
**Fester Boden
Gedichte**
übersetzt von Gregor Seferens
edition offenes feld 2023.

Remco Campert
**Offene Augen
Gedichte**
übersetzt von Marianne Holberg mit einem Nachwort von Allard van Gent
Edition Rugerup 2023.

Ida Gerhardt
**Winterwende
Gedichte**
übersetzt von Klaus Anders
Edition Rugerup 2024.

Judith Herzberg
Gedichte aus den Jahren 1999–2024
übersetzt von Christiane Kuby
Edition Rugerup 2024.

Mustafa Kör
Tot u / Vers vous / An dich
übersetzt von Katelijne De Vuyst, Pierre Geron, Danielle Losman und Isabel Hessel
maelstrÖm rEvolution und Poëziecentrum 2024.

Els Moors
**kugelsichere dystopien
kogelvrije dystopieën
Ausgewählte Gedichte**
übersetzt von Christian Filips
parasitenpresse 2023.

Vrouwkje Tuinman
Leibrente
übersetzt von Bettina Bach
KLAK Verlag 2024.

Paul van Ostaijen
Besetzte Stadt
übersetzt von Anna Eble
Das Wunderhorn 2024.

Paul van Ostaijen
**Die Feste von Angst und Pein / De feesten van angst en pijn
Gedichte**
zweisprachige Ausgabe
übersetzt von Anna Eble und Magnus Chrapkowski mit einem Nachwort von Matthijs de Ridder
Arco 2024.

Annelies Verbeke
Verlorener Gesang
übersetzt von Stefan Wieczorek mit einem Nachwort von Laurette Artois und Sabine Schmitz
Golden Luft Verlag 2023.

Duitstalige poëzie in het Nederlands / Aus dem Deutschen ins Niederländische übersetzt

Erich Kästner
Erich Kästners Lyrische Huisapotheek
vertaald door
Driek van Wissen
Passage 2023.

Friederieke Mayröcker
zeven omhelzingen gedichten
vertaald door
Ton Naaijkens
M10Boeken 2023.

Friederieke Mayröcker
Alle omhelzingen gedichten
vertaald door
Ton Naaijkens
M10Boeken 2024.

Friedrich Nietzsche
Dat alles ben ik Gedichten
vertaald, samengesteld en toegelicht
door Ard Posthuma
Historische Uitgeverij 2023.

Felix Oestreicher
Naderhand Kampgedichten
vertaald door
Ton Naaijkens
en met foto's van
Maria Austria
M10Boeken 2024.

Rainer Maria Rilke
Het boek der beelden
vertaald door
Gerard Kessels
Uitgeverij IJzer 2023.

Rainer Maria Rilke
Het Getijdenboek
vertaald uit het Duits en voorzien van commentaar door Gerard Kessels
Uitgeverij IJzer 2023.

Farhad Showghi
**Het alfabet verandert van taal
en andere gedichten**
vertaald door
Annelie David
Poëziecentrum 2023.

Anthologien / Themenschwerpunkte / Boemlezingen / Dossiers

Willem Bongers-Dek, Anna Eble, Matthijs de Ridder (Hrsg.)
**Befallene Stadt
60 aktuelle Perspektiven auf Paul van Ostaijens »Besetzte Stadt«**
Wunderhorn 2024.

Paul Claes
**De blauwe bloem
De 101 beste Duitse gedichten**
vertaald en samengesteld door Paul Claes
Van Oorschot 2024.

Neue Texte aus Flandern
Mit Gedichten von
Charlotte Van den Broeck, Lies Van Gasse und Maarten Inghels
zusammengestellt und aus dem Niederländischen übersetzt von
Stefan Wieczorek
In: Ostragehege. Zeitschrift für Literatur und Kunst H.109 (2023), S. 45–55.

DIE AUTOR*INNEN UND ÜBERSETZER*INNEN

Shane Anderson (1982) ist u.a. der Autor von *After the Oracle, Or: How The Golden State Warriors' Four Core Values Can Change Your Life Like They Changed Mine* (Deep Vellum). Er übersetzte Thomas Pletzingers Nowitzki-Biographie ins Englische (*The Great Nowitzki*, Norton) und übertrug auch verschiedene zeitgenössische deutsche Dichter (Elke Erb, Ulf Stolterfoht, Marcel Beyer und andere). Nach 18 Jahren in Berlin lebt er heute mit seiner Familie in Wuppertal.

Elbert Besaris (1993) ist Literaturübersetzer und Dozent für deutsch-niederländische Übersetzung an der Universität Utrecht und an der Fachhochschule für Übersetzung. Er hat unter anderem Prosa von Marc-Uwe Kling, Hengameh Yaghoobifarah, Karosh Taha und Kim de l'Horizon sowie Lyrik von Nora Gomringer und Maren Kames übersetzt.

Christina Brunnenkamp (1973), geboren in Frankfurt, hat Kulturwirtschaft und Literaturübersetzung studiert. Sie lebt in Brüssel, wo sie eine niederländischsprachige Bücherei leitet, und übersetzt Romane und Sachbücher sowie Gedichte aus dem Niederländischen und Französischen. 2024 erscheinen ihre Übersetzungen *Sophie in Weimar – Leben und Wirken der Großherzogin von Sachsen-Weimar-Eisenach 1842–1897* von Thera Coppens und *Xerox* von Fien Veldman.

Gerd Busse (1959) ist Sozialwissenschaftler, Publizist und Übersetzer. Von ihm stammt u.a. die Übersetzung des Romanzyklus *Das Büro* von J.J. Voskuil. Er hat zusammen mit Agnes Kalmann-Matter Gedichte des flämischen Autors Willem Elsschot sowie im Verbund mit Christian Golusda Gedichte von J.C. Bloem ins Deutsche übertragen. Außerdem hat Busse mehrere kulturgeschichtliche Bücher zu den Niederlanden und Belgien verfasst. Er lebt und arbeitet in Dortmund.

Annelie David (1959), geboren in Köln, studierte Tanz und Choreografie in Amsterdam und schloss das Studium mit einem Master of Theater ab. Seit 2003 ist sie verstärkt als Dichterin aktiv und wird mit dem Dunya Poesiepreis ausgezeichnet. Sie schreibt Essays und übersetzt deutschsprachige Lyrik ins Niederländische (u.a. Friederike Mayröcker, Esther Kinsky, Farhad Showghi). Ihr letzter Gedichtband *schokbos / Walderschütterung* wurde für den Großen Poesiepreis nominiert. Für *Trimaran* #03 übersetzte sie Gedichte von Özlem Özgül Dündar.

Dominik Dombrowski (1964), in Waco, Texas / USA geboren. Er lebt in Bonn. Studium der Philosophie und Literaturwissenschaften. Seit 2013 veröffentlichte er die Lyrikbände *Finissage*, *Fremdbestäubung* und *Fermaten* sowie die Erzählung *Künstliche Tölpel*. Zudem übersetzt er Lyrik aus dem Amerikanischen und ist gelegentlich als Rezensent tätig. Er war u.a. Preisträger beim Lyrikpreis München; zuletzt erhielt er das Literatur- und Stadtschreiberstipendium der Villa Rosenthal in Jena und war Writer-in-Residence im MuseumsQuartier Wien. Aktuell: *Ich sage mir nichts* (Lyrik, Edition Azur bei Voland & Quist 2019) und *Schwanen* (Lyrik, ebd. 2022).

DE AUTEURS EN VERTAALSTERS EN VERTALERS

Shane Anderson (1982) schreef onder meer *After the Oracle, Or: How The Golden State Warriors' Four Core Values Can Change Your Life Like They Changed Mine* (Deep Vellum). Hij vertaalde Thomas Pletzingers biografie van Nowitzki (*The Great Nowitzki*, Norton) en werk van verschillende hedendaagse Duitse dichters (o.a. Elke Erb, Ulf Stolterfoht en Marcel Beyer) in het Engels. Na 18 jaar in Berlijn woont hij nu met zijn gezin in Wuppertal.

Elbert Besaris (1993) is literair vertaler en docent vertalen Duits-Nederlands verbonden aan de Universiteit Utrecht en de Vertalersvakschool. Hij vertaalde onder meer proza van Marc-Uwe Kling, Hengameh Yaghoobifarah, Karosh Taha en Kim de l'Horizon, en poëzie van Nora Gomringer en Maren Kames.

Christina Brunnenkamp (1973) werd geboren in Frankfurt en studeerde Cultural and Business Studies en literair vertalen. Ze woont in Brussel, waar ze hoofd van een Nederlandstalige bibliotheek is, en vertaalt romans, non-fictieboeken en poëzie uit het Nederlands en Frans. In 2024 verschenen haar vertalingen *Sophie in Weimar – Leben und Wirken der Großherzogin von Sachsen-Weimar-Eisenach 1842–1897* van Thera Coppens en *Xerox* van Fien Veldman.

Gerd Busse (1959) is sociaalwetenschapper, publicist en vertaler, onder andere van de romancyclus *Het Bureau* van J.J. Voskuil. Samen met Agnes Kalmann-Matter vertaalde hij gedichten van de Vlaamse auteur Willem Elsschot en met Christian Golusda gedichten van J.C. Bloem in het Duits. Daarnaast schreef Busse een aantal cultuurhistorische boeken over Nederland en België. Hij woont en werkt in Dortmund.

Annelie David (1959), geboren in Keulen, heeft dans gestudeerd en choreografie in Amsterdam en behaalde er haar Master of Theater. Na 2003 ontwikkelt zij zich als dichter, wordt bekroond met de Dunya Poëzieprijs, schrijft essays en vertaalt Duitse poëzie naar het Nederlands (onder meer Friederike Mayröcker, Esther Kinsky, Farhad Showghi). Haar laatste bundel *schokbos* (Oevers 2020) was genomineerd voor de Grote Poëzieprijs. Voor *Trimaran* #03 vertaalde Annelie David gedichten van Özlem Özgül Dündar.

Dominik Dombrowski (1964) is geboren in Waco, Texas / USA. Hij woont in Bonn. Hij studeerde filosofie en literatuur. Sinds 2013 publiceerde hij de dichtbundels *Finissage*, *Fremdbestäubung* en *Fermaten* en het verhaal *Künstliche Tölpel*. Hij vertaalt ook poëzie uit het Amerikaans en werkt af en toe als recensent. Zijn werk viel onder meer in de prijzen bij de Lyrikpreis München; onlangs kreeg hij de Villa Rosenthal Literatuur- en Stadsschrijversbeurs in Jena en was hij Writer-in-Residence bij het MuseumsQuartier Wenen. Recent: *Ich sage mir nichts* (Edition Azur van Voland & Quist 2019) en *Schwanen* (ibid. 2022).

Christian Golusda (1948) ist Autor und Übersetzer, Akteur und Regisseur für Tanz / Theater, Apotheker und Arzt für Psychiatrie. Aus dem Niederländischen übersetzte er u. a. Reimgeschichten der in den Niederlanden bis heute populären Annie M. G. Schmidt (*Ein Teich voll mit Tinte*) und zuletzt in Zusammenarbeit mit Gerd Busse Gedichte von J. C. Bloem (*Ganz einfach glücklich, in der Dapperstraat*). Er lebt und arbeitet in Frankfurt am Main.

Ruth Löbner (1976) ist Autorin und Literaturübersetzerin für Prosa und Lyrik aus dem Niederländischen. Zuletzt erschien Ihre Übertragung von *De beesten / Tiere*, dem Debütroman von Gijs Wilbrink (Ullstein). Zu den weiteren von ihr übersetzten Autor*innen gehören Toine Heijmans, Amarylis De Gryse und Marieke Lucas Rijneveld.

Marlene Müller-Haas studierte Niederländische Philologie, Kunstgeschichte und Germanistik. Sie ist die Übersetzerin von u. a. Armando, F. Bordewijk, Marga Minco, Harry Mulisch, Charlotte Mutsaers, Thomas Rosenboom und Ida Simons. Sie wurde mit dem Else-Otten-Übersetzerpreis ausgezeichnet und erhielt mehrere Arbeitsstipendien.

Ton Naaijkens (1953) ist Essayist und Übersetzer. Er übersetzte, 2020 bei Meulenhoff erschienen, die gesammelten Gedichte von Paul Celan sowie Werke von u. a. Barbara Köhler und Friederike Mayröcker (*alle omhelzingen*, 2024, M10Boeken). Bis 2019 war er Lehrstuhlinhaber für Deutsche Literatur & Übersetzungswissenschaft an der Universität Utrecht. Naaijkens ist Redakteur von *Filter* (Zeitschrift über Übersetzen) und *Terras* (Zeitschrift für internationale Literatur und Kunst). Aktuell arbeitet er an einer Anthologie zeitgenössischer deutscher Lyrik.

Marianne van Reenen (1970) arbeitet als Übersetzerin aus dem Deutschen, Französischen und Englischen mit einer Vorliebe für deutschsprachige Literatur. Für die Zeitschrift *Liter* übersetzte sie Erzählungen von Arthur Schnitzler, Franz Kafka und Marlen Haushofer sowie Werke von Maja Haderlap (Cossee), Michael Köhlmeier (Aldo), Eginald Schlattner (Aldo) sowie in Co-Übersetzung Werke von Alexander Kluge (Cossee), Fridolin Schley (Wereldbibliotheek) und Brigitte Reimann (De Geus).

Simone Scharbert (1974), in Aichach geboren, hat Politikwissenschaft, Philosophie und Literatur in München, Augsburg und Wien studiert und in Politikwissenschaft promoviert. Sie lebt als freie Autorin und Dozentin in Erftstadt. Ihre Arbeiten wurden u. a. mit dem Gisela Scherer Stipendium für Lyrik, einem Jahresstipendium der Kunststiftung NRW sowie dem Erftstädter Kulturpreis ausgezeichnet. Zuletzt: *Rosa in Grau* (Voland & Quist, 2022).

Daniela Seel (1974), geboren in Frankfurt am Main, lebt als Dichterin, Übersetzerin und Verlegerin von kookbooks in Berlin. Zu den von ihr übersetzten Autor*innen gehören Anne Boyer, Amanda Gorman (gemeinsam mit Marion Kraft), Alexis Pauline Gumbs, Robert Macfarlane und Lisa Robertson. Für ihre Arbeiten wurde sie vielfach ausgezeichnet, zuletzt 2023 mit dem Heimrad-Bäcker-Preis und einem Stipendium des Deutschen Literaturfonds. Ihr vierter Gedichtband *Nach Eden* erscheint 2024 im Suhrkamp Verlag.

Christian Golusda (1948) is auteur en vertaler, acteur en regisseur voor dans / theater, apotheker en arts in de psychiatrie. Uit het Nederlands vertaalde hij onder meer verhalen op rijm van Annie M. G. Schmidt (*Een vijver vol inkt*) en meest recentelijk met Gerd Busse gedichten van J. C. Bloem (*Ganz einfach glücklich, in der Dapperstraat*). Hij woont en werkt in Frankfurt am Main.

Ruth Löbner (1976) is schrijver en literair vertaler van Nederlandse fictie en poëzie. Recent verscheen haar vertaling van *De beesten*, de debuutroman van Gijs Wilbrink (*Tiere*, Ullstein). Eerder vertaalde ze onder meer Toine Heijmans, Amarylis De Gryse en de gedichten van Marieke Lucas Rijneveld.

Marlene Müller-Haas studeerde Nederlandse filologie, kunstgeschiedenis en Duitse studies. Ze is de vertaler van onder andere Armando, F. Bordewijk, Marga Minco, Harry Mulisch, Charlotte Mutsaers, Thomas Rosenboom en Ida Simons. Ze ontving de Else Otten-vertalerprijs en verschillende beurzen en onderscheidingen.

Ton Naaijkens (1953) is essayist en vertaler. Hij vertaalde de in 2020 bij Meulenhoff verschenen verzamelde gedichten van Paul Celan en werken van onder anderen Barbara Köhler en Friederike Mayröcker (*alle omhelzingen*, 2024, M10Boeken). Tot 2019 was hij hoogleraar Duitse Letterkunde alsmede Vertaalwetenschap aan de Universiteit Utrecht. Naaijkens is redacteur van *Filter* (Tijdschrift over vertalen) en *Terras* (Tijdschrift voor internationale literatuur en kunst). Momenteel werkt hij aan een bloemlezing van hedendaagse Duitse poëzie.

Marianne van Reenen (1970) is werkzaam als vertaler Duits, Frans en Engels met een voorliefde voor Duitstalige literatuur. Ze vertaalde verhalen van Arthur Schnitzler, Franz Kafka en Marlen Haushofer voor tijdschrift *Liter* en werk van Maja Haderlap (Cossee), Michael Köhlmeier (Aldo), Eginald Schlattner (Aldo), Alexander Kluge (covertaling, Cossee), Fridolin Schley (covertaling, Wereldbibliotheek) en Brigitte Reimann (covertaling, De Geus).

Simone Scharbert (1974) is geboren in Aichach, ze studeerde politieke wetenschappen, filosofie en literatuur in München, Augsburg en Wenen en is doctor in de politieke wetenschappen; ze woont als schrijver en docent in Erftstadt. Haar werk is onder andere bekroond met de Gisela Scherer Beurs voor Poëzie, een werkbeurs van de Kunststiftung NRW en de Erftstadt Kulturpreis. Meest recent: *Rosa in Grau / Rose in Grijs* (Voland & Quist, 2022).

Daniela Seel (1974) werd in Frankfurt am Main geboren en woont als dichteres, vertaalster en uitgeefster van kookbooks in Berlijn. Ze vertaalde werk van onder anderen Anne Boyer, Amanda Gorman (samen met Marion Kraft), Alexis Pauline Gumbs, Robert Macfarlane en Lisa Robertson. Ze werd vele malen onderscheiden, meest recentelijk met de Heimrad-Bäcker-Preis en een beurs van het Deutscher Literaturfonds. Haar vierde dichtbundel *Nach Eden* verschijnt in 2024 bij Suhrkamp Verlag.

Kurzbiographien | Korte biografieën

Gregor Seferens (1964) im Selfkant geboren, arbeitet seit 1994 als literarischer Übersetzer in Bonn. Er übersetzte zahlreiche Werke von Harry Mulisch, Maarten 't Hart und Geert Mak. Seine Arbeit wurde wiederholt mit Preisen ausgezeichnet.

Jan Sietsma (1981), geboren in Zwolle, arbeitet als freiberuflicher Übersetzer in Amersfoort und unterrichtet an der Fachhochschule für Übersetzung (Amsterdam/Antwerpen). Er übersetzte unter anderem Werke von Walter Benjamin, Heinrich Heine und Heinrich von Kleist, Rosa Luxemburg und Friedrich Schlegel. Zuletzt erschien im Verlag Querido seine Übersetzung des Zeitzeugenberichts des Holocaus-Überlebenden Filip Müller *Sonderbehandlung. Speciale behandeling. Mijn jaren in de crematoria en gaskamers van Auschwitz / Sonderbehandlung. Meine Jahre in den Krematorien und Gaskammern von Auschwitz*.

Mustafa Stitou (1974) lebt und arbeitet in Amsterdam. Er wurde in Tetouan, Marokko, geboren und wuchs in Lelystad auf. Während des Philosophie-Studiums an der Universität zu Amsterdam erschien 1994 sein erster Gedichtband *Mijn vormen / Meine Formen* (Arena), vier Jahre später *Mijn gedichten / Meine Gedichte* (Vassallucci). Es folgten die mit Preisen ausgezeichneten Bände *Varkensroze ansichten / Ansichten in Schweinchenrosa* (2003, De Bezige Bij) und *Tempel* (2013, ebd.). 2009 war er Stadtdichter von Amsterdam. Sein aktueller Gedichtband *Waar is het lam? / Wo ist das Lamm?* (2022, ebd.) wurde mit dem Awater Poesiepreis ausgezeichnet.

Lies Van Gasse (1983), geboren in Sint-Niklaas (B), dichtet mit Farbe und malt mit Worten. Sie illustrierte Gedichte von Guido Gezelle, H.C. Pernath und Texte von Peter Theunynck. In ihrer eigenen Arbeit verbindet sie Text und Bild zu ›graphischen Gedichten‹. Zusammen mit Vicky Francken entwarf sie VER+VERS, eine Webanwendung zur Erstellung von online graphic poems. 2008 debütierte sie mit dem Band *Hetzelfde gedicht steeds weer / Dasselbe Gedicht immer und immer wieder* (Wereldbibliothek). Für die Crossmedialität ihrer Arbeit erhielt sie verschiedene Auszeichnungen, u.a. den Dirk-Martens-Preis. Gemeinsam mit Annemarie Estor entwickelte sie das interdisziplinäre Buchprojekt *Het boek Hauser / Das Buch (Kaspar) Hauser*. 2021 erschien ihr Gedichtband *Beestjes / Krabbeltierchen* (Wereldbibliothek) und 2023 wurde als medienübergreifendes Briefprojekt *palganeem* (kwakman&smet) sowie *Woorden Temmen 3 / Wörter zähmen 3*, ein pädagogisches Buch zur poetischen Bildung (in Zusammenarbeit mit Laurens Ham, Grange Fontaine) veröffentlicht.

Patrick Wilden (1973), in Paderborn geboren, lebt als Schriftsteller und Redakteur der Zeitschrift *Ostragehege* in Dresden und Leipzig. Zuletzt erschienen die Gedichtbände *Schreibers Ort. Suite karkonosque* (parasitenpresse 2022) und *Alte Karten von Flandern* (Jena 2019). Seit 2000 verschiedene Preise und Stipendien sowie Veröffentlichungen in Literaturzeitschriften und in Anthologien.

Ira Wilhelm (1962), Literaturstudium in München, Promotion in Berlin. Übersetzt seit 1994 hauptberuflich Literatur aller Art aus dem Niederländischen. Sie lebt in Berlin und übersetzte Ilja Leonard Pfeijffer, Stefan Hertmans, Anneke Brassinga, Wessel te Gussinklo, Simone Atangana Bekono, Peter Holvoet-Hanssen, Chika Unigwe u.v.a.

Gregor Seferens (1964) is geboren in de regio Selfkant en werkt sinds 1994 in Bonn als literair vertaler. Hij vertaalde talloze werken van Harry Mulisch, Maarten 't Hart en Geert Mak. Zijn werk is herhaaldelijk met prijzen onderscheiden.

Jan Sietsma (1981) geboren in Zwolle, werkt als zelfstandig vertaler te Amersfoort en als docent aan de Vertalersvakschool (Amsterdam/Antwerpen). Hij vertaalde onder meer werk van Walter Benjamin, Heinrich Heine, Heinrich von Kleist, Rosa Luxemburg en Friedrich Schlegel. Recent verscheen bij uitgeverij Querido zijn vertaling van het getuigenis van Holocaust-overlevende Filip Müller, *Sonderbehandlung / Speciale behandeling. Mijn jaren in de crematoria en gaskamers van Auschwitz*.

Mustafa Stitou (1974) woont en werkt in Amsterdam. Hij werd geboren in Tetouan, Marokko, en groeide op in Lelystad. Tijdens zijn studie filosofie aan de Universiteit van Amsterdam verscheen zijn eerste dichtbundel *Mijn vormen* (1994), vier jaar later *Mijn gedichten*. Daarna volgden de bekroonde bundels *Varkensroze ansichten* (2003) en *Tempel* (2013). In 2009 was hij stadsdichter van Amsterdam. Voor *Waar is het lam?* (2022), zijn meest recente bundel, kreeg hij de Awater Poëzieprijs.

Lies Van Gasse (1983) geboren in Sint-Niklaas, dicht met verf en schildert met woorden. Ze illustreerde gedichten van Guido Gezelle, H.C. Pernath en teksten van Peter Theunynck, maar ook in haar eigen werk combineert ze tekst en beeld in 'graphic poems'. Samen met Vicky Francken ontwierp ze VER+VERS, een webapplicatie om online graphic poems te creëren. In 2008 debuteerde ze met haar bundel *Hetzelfde gedicht steeds weer*. Ze won verschillende prijzen, onder andere de Dirk Martens-prijs voor de crossmedialiteit van haar werk. Crossmediaal was onder andere het project *Het boek Hauser* dat ze samen met Annemarie Estor uitwerkte. Haar laatste bundel *beestjes* verscheen in 2021 bij Wereldbibliotheek. In 2023 verschenen de boeken *palganeem* (kwakman & smet), een crossmediaal brievenproject, en *Woorden Temmen 3*, een educatief boek rond poëzie (samenwerking met Laurens Ham).

Patrick Wilden (1973) werd in Paderborn geboren en woont als auteur en redacteur van het tijdschrift *Ostragehege* in Dresden en Leipzig. Meest recentelijk verschenen van zijn hand de dichtbundels *Schreibers Ort. Suite karkonosque* (parasitenpresse 2022) en *Alte Karten von Flandern* (Jena 2019). Sinds 2000 is hij met verschillende prijzen en beurzen onderscheiden en publiceert hij in literaire tijdschriften en bloemlezingen.

Ira Wilhelm (1962) studeerde literatuur in München en vertaalt sinds 1994 voltijds velerlei literatuur uit het Nederlands. Zij woont in Berlijn en vertaalde onder meer Ilja Leonard Pfeijffer, Stefan Hertmans, Anneke Brassinga, Wessel te Gussinklo, Simone Atangana Bekono, Peter Holvoet-Hanssen, Chika Unigwe.

DE REDACTIE

Christoph Wenzel (1979), literaturwiss. Studium und Promotion in Aachen, schreibt Lyrik und Essays. Bisher liegen fünf Einzeltitel mit Gedichten vor, zuletzt: *landläufiges lexikon* (Edition Korrespondenzen). Er erhielt u.a. den Alfred-Gruber-Preis beim Lyrikpreis Meran, das Rolf-Dieter-Brinkmann-Stipendium sowie den Dresdner Lyrikpreis. Gemeinsam mit Stefan Wieczorek besorgte er die Anthologie *Polderpoesie. Junge Lyrik aus Flandern und den Niederlanden* ([SIC] – Literaturverlag). Für das Literaturbüro NRW kuratiert er die Online-Lyrikanthologie *@fluss_laut* bei Instagram. Als Mitherausgeber besorgte er den Sammelband *Brotjobs & Literatur*, der 2021 im Verbrecher Verlag erschien.

Stefan Wieczorek (1971) ist promovierter Literaturwissenschaftler, Übersetzer und Moderator. Er lebt in Aachen. In den letzten Jahren übersetzte er u.a. Gedichtbände von C. Van den Broeck, E.N. Perquin, R. Al Galidi, R. Fabias, M. Barnas, F. Budé, A. Fierens, M. Inghels / F. Starik, E. Kuiper, R. Lasters, K. Wuck, N. Wijnberg und M. Temmerman. Gemeinsam mit Christoph Wenzel gab er 2016 die Anthologie *Polderpoesie* ([SIC] – Literaturverlag) heraus. Für die Horen stellte er das Themenheft *Bojen & Leuchtfeuer. Neue Texte aus Flandern und den Niederlanden* zusammen. 2022 wurde er mit dem 1. Preis beim Übersetzungswettbewerb ›Nederland vertaalt‹ ausgezeichnet.

DIE REDAKTION

Christoph Wenzel (1979), afgestudeerd en gepromoveerd in de literatuurwetenschap in Aken, schrijft poëzie en essays. Tot dusver heeft hij vijf poëziebundels gepubliceerd, met als recentste *landläufiges lexikon / gangbaar lexicon* (Edition Korrespondenzen). Hij ontving onder meer de Alfred Gruberpijs in het kader van de Poëzieprijs Meran, de Rolf Dieter Brinkmann Beurs en de Poëzieprijs van de stad Dresden. Samen met Stefan Wieczorek verzorgde hij de bloemlezing *Polderpoesie. Junge Lyrik aus Flandern und den Niederlanden / Polderpoëzie. Jonge lyriek uit Vlaanderen en Nederland* ([SIC] – Literaturverlag). Op Instagram cureert hij voor het Literatuurbuerau NRW de online poëziebloemlezing *@fluss_laut*. Hij was medesamensteller van de bloemlezing *Brotjobs & Literatur*, die in 2021 werd gepubliceerd door Verbrecher Verlag.

Stefan Wieczorek (1971) is gepromoveerd in de literatuurwetenschap. Hij is vertaler en moderator en woont in Aken. De afgelopen jaren vertaalde hij o.a. dichtbundels van C. Van den Broeck, E.N. Perquin, R. Al Galidi, R. Fabias, M. Barnas, F. Budé, A. Fierens, M. Inghels / F. Starik, E. Kuiper, R. Lasters, K. Wuck, N. Wijnberg en M. Temmerman. Samen met Christoph Wenzel gaf hij in 2016 de bloemlezing *Polderpoesie / Polderpoëzie* ([SIC] – Literaturverlag) uit. Voor die Horen stelde hij het themanummer *Bojen & Leuchtfeuer. Neue Texte aus Flandern und den Niederlanden / Boeien & vuurbakens. Nieuwe teksten uit Vlaanderen en Nederland* samen. In 2022 won hij de eerste prijs in het kader van de vertaalwedstrijd 'Nederland vertaalt'.

DIE KOOPERATIONSPARTNER

EuregioKultur e.V.
Der EuregioKultur e.V. ist ein gemeinnützig arbeitender Verein, der den grenzüberschreitenden Kultur- und Literaturaustausch in der Euregio Maas-Rhein entwickelt und fördert. Neben einer ganzen Reihe von Literaturprojekten für Schüler*innen führt der EuregioKultur e.V. das deutsch-niederländische Literaturfestival *Literarischer Sommer / Literaire Zomer* durch. Mit der Edition Amikejo verfügt der EuregioKultur e.V. über einen vereinsinternen Verlag, der eine jährliche Anthologie mit den Texten der Preisträger*innen aus dem Nachwuchsschreibwettbewerb *NXT TXT Awards* herausgibt sowie regelmäßig Romanübersetzungen aus dem Niederländischen veröffentlicht.
www.euregio-lit.eu

Kunststiftung NRW
Die Kunststiftung NRW fördert herausragende Qualität von Kunst und Kultur aller künstlerischer Sparten mit einem engen Bezug zu Nordrhein-Westfalen. Im Jahr 1989 von der Landesregierung NRW als Stiftung bürgerlichen Rechts gegründet, gehören die Unterstützung innovativer Konzepte und impulsgebender Ansätze, die Förderung besonders begabter Künstlerinnen und Künstler sowie Autorinnen und Autoren, der Erwerb und die Sicherung von Kunstwerken mit hoher

DE SAMENWERKINGSPARTNERS

EuregioKultur e.V.
De EuregioKultur e.V. is een non-profitorganisatie die grensoverschrijdende culturele en literaire uitwisselingen ontwikkelt en bevordert. Naast een hele reeks literatuurprojecten voor scholieren organiseert EuregioKultur e.V. het Duits-Nederlandse festival *Literarischer Sommer / Literaire Zomer*. De EuregioKultur e.V. beheert de Edition Amikejo, een interne uitgeverij van de vereniging. Er verschijnen een jaarlijkse bloemlezing met de teksten van de prijswinnaars van de *NXT TXT Awards*-wedstrijd voor jonge schrijvers en regelmatig vertalingen van romans uit het Nederlands.
www.euregio-lit.eu

Kunststiftung NRW
De Kunststiftung NRW stimuleert bijzondere kwaliteit van kunst en cultuur op alle artistieke gebieden met een hechte relatie tot Noordrijn-Westfalen. Zij werd in 1989 opgericht door de deelstaatregering NRW als een privaatrechtelijke stichting. Tot de belangrijkste taken van de stichting behoren het ondersteunen van innovatieve concepten en impulsrijke initiatieven, het stimuleren van getalenteerde kunstenaars en schrijvers, het verwerven en behouden van kunstwerken van groot belang, alsmede nationale en internationale culturele uitwisseling. Al sinds jaren besteedt de

Bedeutung sowie der bundesweite und internationale Kulturaustausch zu den zentralen Aufgaben der Stiftung. Der Kunst des Übersetzens widmet die Kunststiftung NRW seit Jahren besondere Aufmerksamkeit.

Damit ermutigt die Kunststiftung NRW Kulturschaffende, Neues und Unerwartetes zu wagen, und ermöglicht Projekte aus der Visuellen Kunst, den Performing Arts, der Musik und der Literatur von herausragender Qualität. Im Bereich der Literaturförderung bietet die Kunststiftung NRW darüber hinaus in ihrer *Schriftenreihe Literatur* stilistisch, formal und ästhetisch anspruchsvollen und von ihr selbst initiierten Projekten eine editorische Plattform.
www.kunststiftungnrw.de

Nederlands Letterenfonds

Der Nederlands Letterenfonds stimuliert die Qualität und Diversität von Literatur, indem sie mittels Stipendien und Förderungen Autor*innen, Übersetzer*innen, Verlage und Festivals unterstützt; sie trägt mit ihrer Arbeit zur Verbreitung und Absatzförderung der niederländischen und friesischen Literatur im In- und Ausland bei. Die Stiftung möchte ein möglichst reiches und vielfältiges literarisches Klima schaffen, unter Berücksichtigung sowohl des literarischen Erbes als auch von neuen Entwicklungen in der Literatur und im Buchsektor. Darüber hinaus pflegt die Stiftung eine Datenbank mit Übersetzungen niederländischer Literatur: https://letterenfonds.secure.force.com/vertalingendatabase.
www.letterenfonds.nl

Flanders Literature

Literatuur Vlaanderen möchte flämische Literatur in die Welt bringen. Unter dem Namen Flanders Literature versucht die Stiftung, ausländische Verlage und Festivalveranstalter*innen für Literatur aus Flandern zu begeistern. Außerdem ermutigen wir auch niederländischsprachige Autor*innen und Verlage, einen Blick über die Grenzen zu werfen.

Literatur Vlaanderen fördert mit Zuschüssen Übersetzungen flämischer Bücher. Internationale Buchmessen sind Gelegenheiten, mit Verlagen ins Gespräch zu kommen. Mehrmals im Jahr werden zudem Verleger aus der ganzen Welt nach Flandern eingeladen, damit sie unsere Literatur und Kultur hautnah erleben können.
www.flandersliterature.be

Kunststiftung NRW bijzondere aandacht aan de kunst van het vertalen.

Op deze wijze moedigt de Kunststiftung NRW kunstenaars aan om nieuwe en onverwachte dingen te ondernemen en maakt ze projecten van hoogstaande kwaliteit mogelijk binnen de beeldende kunsten, de performing arts, de muziek en de literatuur. In het kader van de ondersteuning en promotie van literatuur biedt de Kunststiftung NRW in haar *Schriftenreihe Literatur* (Literatuurreeks) een redactioneel platform voor stilistisch, formeel en esthetisch hoogwaardige projecten die zij zelf initieert.
www.kunststiftungnrw.de

Nederlands Letterenfonds

Het Nederlands Letterenfonds stimuleert, door middel van beurzen en subsidies aan schrijvers, vertalers, uitgevers en festivals, de kwaliteit en diversiteit in de literatuur en draagt bij aan de verspreiding en promotie van de Nederlands- en Friestalige literatuur in binnen- en buitenland. Het fonds werkt aan een zo rijk en divers mogelijk literair klimaat, met oog voor literair erfgoed en nieuwe ontwikkelingen in de literatuur en het boekenvak. Ook houdt het fonds een database bij van Nederlandse literatuur in vertaling: https://letterenfonds.secure.force.com/vertalingendatabase.
www.letterenfonds.nl

Flanders Literature

Literatuur Vlaanderen helpt Vlaamse literatuur op de wereldkaart te zetten. Onder de naam Flanders Literature maakt ze buitenlandse uitgevers en festivalorganisatoren warm voor Vlaamse literatuur en stimuleert ze Nederlandstalige auteurs en uitgevers om over grenzen te kijken.

Literatuur Vlaanderen biedt financiële steun voor vertalingen van Vlaamse titels en ontmoet uitgevers op internationale boekenvakbeurzen. Ze nodigt enkele keren per jaar ook uitgevers uit de hele wereld uit naar Vlaanderen om onze literatuur en cultuur van binnenuit te leren kennen.
www.flandersliterature.be

TRIMARAN
**Lyrikmagazin für Deutschland, Flandern und die Niederlande /
Poëziemagazine voor Duitsland, Vlaanderen en Nederland**
#05/2024

Herausgeber / Uitgever:
EuregioKultur e.V.
Reuschenberger Straße 5
51379 Leverkusen, Deutschland
www.euregio-lit.eu

in Kooperation mit /
in samenwerking met:
Kunststiftung NRW
Roßstraße 133
40476 Düsseldorf, Deutschland
www.kunststiftungnrw.de

Nederlands Letterenfonds
Nieuwe Prinsengracht 89
1018 VR Amsterdam, Nederland
www.letterenfonds.nl

Literatuur Vlaanderen
Lange Leemstraat 57
2018 Antwerpen, België
www.flandersliterature.be

Kunststiftung NRW

Gefördert vom

Ministerium für
Kultur und Wissenschaft
des Landes Nordrhein-Westfalen

Projektleitung und -koordination /
Projectleiding en coördinatie:
Oliver Vogt

Redaktion / Redactie:
Christoph Wenzel
Stefan Wieczorek
adviserend / beratend:
Patrick Peeters
Victor Schiferli

Korrektorat / Correctiewerk:
Janssen Peters
Patrick Peeters

Gestaltung und Satz /
Vormgeving en zetwerk:
Anke Berßelis
www.bersselis.de

Druck / Druk:
Druckerei Kettler, Bönen

Erscheint bei / Verschijnt bij:
Lilienfeld Verlag, Düsseldorf
www.lilienfeld-verlag.de

Redaktionsanschrift /
Redactieadres
EuregioKultur e.V.
Reuschenberger Straße 5
51379 Leverkusen

Kontakt / Contact:
info@trimaran-mag.eu

Zu beziehen über / Bestellen via:
www.trimaran-mag.eu
www.lilienfeld-verlag.de

ISSN 2567-1987

Lilienfeld Verlag
ISBN 978-3-910266-00-1

Preis / Prijs:
€ 15

Alle Rechte vorbehalten.
Soweit nicht anders angegeben,
liegen die Rechte der Inhalte dieser
Ausgabe bei den Urheberinnen und
Urhebern. /
Alle rechten voorbehouden.
Voor zover niet anders aangegeven,
liggen de rechten van de inhoud van
deze uitgave bij de oorspronkelijke
auteurs en vertalers.

© 2024 EuregioKultur e.V.

Quellen / Bronnen:
Wir danken den Verlagen, Autor*innen
und Einrichtungen für die freundliche
Abdruckgenehmigung folgender Texte: /
We danken de uitgeverijen, de auteurs
en de organisaties voor de toestemming
tot overname van volgende teksten:
Shane Anderson: *The Four Horsemen of
Poetry Translation* (Droste-Glossar des
Projektes / van het project *Trans|Droste*
der / van het *Burg Hülshoff – Center for
Literature*); https://digitale-burg.de/
transdroste
Annelie David: *Droomglossarium* (Droste-
Glossar, ib.). Annette von Droste-Hülshoff:
*Der Schloßelf / De kasteelelf, Der Hünen-
stein / Het hunebed, Das Spiegelbild /
Het spiegelbeeld* (Digitale Droste-Edition
auf dem Droste-Portal / digitale Droste-
editie); https://www.droste-portal.lwl.
org/de/werk/
Übersetzung von / vertaling door
A. David für das Projekt / voor het project
Trans|Droste; https://digitale-burg.de/
transdroste
Lies Van Gasse: *steen, bruinvis, ekster*
(*palganeem, kwakman & smet* 2023).
Mustafa Stitou: *Wazige muren, gezicht-
loze mannen, Via onze preparateur
kochten we, Ze kneedt het deeg met haar
vuisten* en *Omdat het ons verveelde, het
ritueel* (*Waar is het lam?*, De Bezige Bij
2022).
Alice Nahon: *Kindje, Mijn Jeugd* (*Op zach-
te Vooizekens*, De Nederlandsche Boek-
handel / A.W. Sijthoff, 1921), *De Kinderen
van Soetewey* (*Vondelingskens*, ib. 1920)
Schaduw, Taal (*Schaduw*, ib. 1928).
Menno Wigman: *Rien ne va plus, Aarde,
wees niet streng, Vliegtuiggedachten,
Beddendood, Outcast, De man die uit
een vulva viel, Oneindig wakker* (*Ver-
zamelde Gedichten*, Prometheus 2019).
Aarde, wees niet streng, Oneindig wakker
vertaling door / Übersetzung von Gregor
Seferens (*Im Sommer stinken alle Städte*,
parasitenpresse 2016).

Fotos und Abbildungen /
Foto's en illustraties:
S. / p. 4/5 © Vouw
S. / p. 24, 48/49, 52/53, 57–59
© Lies Van Gasse
S. / p. 25, 50/51, 54 © Simone Scharbert
S. / p. 82 © Dominik Dombrowski
S. / p. 86 © Mustafa Stitou